Einweihungen für Anfänger

über Meditationen und Mysterien
und viele Möglichkeiten

Kontakt: www.HarryEilenstein.de
Harry.Eilenstein@web.de
Harry Eilenstein bei youtube

Herstellung und Verlag: BoD – Books on Demand, Norderstedt

ISBN: 9783754384022

Inhaltsverzeichnis

I Was ist eine Einweihung?

„Einweihung" ist eines der schillerndsten Worte im Bereich der Magie, der Religion, des Okkultismus und der Esoterik, aber es wird nur selten einmal eingehender betrachtet oder gar genau analysiert. Einweihungen werden gesucht oder verachtet, es ranken sich viele Geschichten um diesen Begriff und nur selten trifft man jemanden, der einem wirklich Genaueres dazu sagen kann.

Deutlich ist jedenfalls, daß es bei einer Einweihung einen Eingeweihten gibt, der die Einweihung für einem Neuling durchführt.

Die Wirkung, die das haben soll, ist hingegen schon wieder sehr viel undeutlicher. Sie kann Selbsterkenntnis verleihen oder Macht oder magische Fähigkeiten oder heilen und noch so manches andere – hier sind der Phantasie kaum Grenzen gesetzt.

Man kann zumindestens festhalten, daß die Einweihung eine magisch-spirituelle Veränderung zum Besseren bewirken soll – auch wenn dieses „Bessere" in der Regel nicht genauer definiert ist.

Oft – vor allem in Magier-Orden – finden sich ganze Systeme, d.h. Reihen von Einweihungen, durch die man in einer Grad-Skala aufsteigt.

Offensichtlich hängt die Qualität einer Einweihung von dem oder von denen ab, durch die jemand eingeweiht wird, denn es ist nicht anzunehmen, daß jemand einem anderen etwas geben, vermitteln oder erklären kann, was er selber nicht hat, kann oder versteht. Daraus ergibt sich die Suche nach dem richtigen Lehrer, der den Suchenden auf eine effektive Weise einweihen kann.

Und schon ergibt sich die nächste Frage, die meistens ebenfalls nur ein diffuser Nebel ist: Was sucht der Suchende eigentlich? Was will er durch die Einweihung erlangen? Und ist die Einweihung tatsächlich der gerade und der effektivste Weg zu dem Ziel des Betreffenden?

Nicht nur die Einweihung selber, sondern auch das Umfeld der Einweihungen ist in der Regel weitgehend konturlos und daher mit allerlei diffusen Heilserwartungen behaftet.

Da der Begriff „Einweihung" jedoch in der Magie und angrenzenden Gebieten immer wieder auftaucht, könnte es sich lohnen, sich diesen Begriff und wofür er stehen könnte, einmal genauer anzuschauen.

II Belehrung und Kraftübertragung

Nichts ist anschaulicher als eine Erzählung über das in Frage stehende Thema, bei dem jemand das erreicht hat, was sein Ziel war. Daher folgen jetzt einige Schilderungen von Einweihungen und Einweihungs-ähnlichen Erlebnissen, die ich selber erhalten bzw. erlebt habe und die ich auf keinen Fall missen will.

Diese Erlebnisse sind chronologisch angeführt.

1. Ananda Marga

Das Erlebnis, das einer „klassischen Einweihung" am nächsten kommt, habe ich mit ungefähr 23 Jahren gehabt. Damals hat mir eine Freundin erzählt, daß es Menschen gibt, die eine Meditation beherrschen, bei der sie aufhören zu denken, zu fühlen und innere Bilder zu sehen. Das fand ich völlig unvorstellbar und zugleich faszinierend. Da war für mich klar, daß ich das unbedingt lernen wollte! Ich hatte allerdings nicht die geringste Ahnung, wie ich dahin kommen könnte …

Einige Zeit später habe ich in Bad Godesberg, wo ich damals wohnte, auf einem Plakat gelesen, daß in dem vegetarischen Restaurant „Magnolia" ein Yogi einen Vortrag über Meditation halten würde. Also bin ich an dem betreffenden Abend ins Magnolia gegangen, weil ich damals noch so gut wie nichts über Meditation wußte.

Dort saßen in einem Nebenzimmer ungefähr ein Dutzend Leute und der Yogi, der mir ein Engländer zu sein schien. Wir erzählten ungefähr eine Stunde lang verschiedene Anekdoten und der Yogi hat auch einige Fragen an ihn beantwortet.

Schließlich schlug er vor, daß wir zusammen meditieren. Eine Anleitung gab es nicht. Ich habe also meine Augen geschlossen und nicht so recht gewußt, was ich nun tun sollte.

Auf einmal spüre ich das Bewußtsein des Yogis in meinem Bewußtsein. Er schien ganz sanft mit seiner Hand die Wogen in meinem Bewußtsein zu glätten … und auf einmal war es völlig still in mir. Ich konnte in dieser Stille bleiben, aus ihr heraustreten, wieder in sie hineingehen …

Seitdem habe ich die Fähigkeit, von einem Augenblick zum nächsten in diese innere Stille zu gehen.

Ich habe diese Stille dann immer wieder aufgesucht und dabei gemerkt, daß sie nach einer Weile stabil wird. Das ist wie einen Berg hinaufsteigen, auf dessen Gipfel ein flaches Tal ist, in dem man ruhen kann. Um die Stille wieder zu verlassen muß man dann ein wenig Energie aufwenden – man muß sozusagen wiede zu dem Rand des Gipfel-Tals emporsteigen, um dann den Berg hinabsteigen zu können.

- - -

Bei diesem Erlebnis kann ich zwei Elemente sehen, di ein ihm gewirkt haben: zum einen mein Wunsch, die Gedankenstille zu erlernen, und zum anderen die Fähigkeit des Yogis, mich mit in seine Gedankenstille hineinzunehmen – oder wie auch immer man diesen Vorgang präzise beschreiben müßte.

2. Axel

Meine zweite Einweihung hatte einen ganz anderen Charakter und man kann die Frage stellen, ob das eigentlich eine Einweihung gewesen ist.

Es begann mit zwei zum Glück gescheiterten Selbstmordversuchen aus Liebeskummer – damals bin ich 21 Jahre alt gewesen. Danach saß ich ziemlich ratlos im Godesberger Stadtpark unter meinem Lieblingsbaum. Da sagte jemand hinter mir „Lerne Magie." Als ich mich umgedreht habe, war da jedoch niemand. Sehr merkwürdig …

Daraufhin bin ich in die Stadt runter gegangen und habe in der Bibliothek und im Buchladen nachgesehen, aber gab es nur Bücher, die erklärten, wie man Kaninchen aus Zylindern zieht – das konnte die Stimme jedoch unmöglich mit „Magie" gemeint haben. Also bin ich wieder in den Park gegangen und habe mich wieder unter meinen Lieblingsbaum gesetzt und habe mich gewundert.

Kurz darauf kam ein Klassenkamerad meines Schulfreundes und lud mich zu sich auf eine Fête ein. Damals war ich noch ein richtiger Waldschrat – ich wußte, was die Wildschweine im Wald machten, aber auf einer Fête war ich noch nicht gewesen und wußte auch nicht so recht, wie ich mir so etwas vorstellen mußte.

Abends bin ich dann auf diese Fête gegangen und habe dort Annette kennengelernt, die mir von ihrem Frankreich-Urlaub erzählt hat. Plötzlich sah ich die Bilder von Südfrankreich vor mir und konnte immer wieder zwischendurch ihren Urlaub weitererzählen, weil ich ihn bildlich vor mir gesehen habe.

Da habe ich ihr von der Stimme erzählt, die mir „Lerne Magie" gesagt hat. Da hat sie mich mit in ihre WG genommen und dort Axel vorgestellt, dem ich von meinem Wunsch, Magie zu erlernen, erzählt habe. Daraufhin hat er ein paar Versuche mit mir angestellt, war zufrieden und hat mich als Zauberlehrling angenommen.

In den folgenden Jahren haben wir zusammen sehr viele Experimente angestellt und sehr viel erlebt – Axel hatte damals auch selber noch kaum praktische Erfahrungen in der Magie.

- - -

Hier sind mehrere Dinge deutlich erkennbar: Meine eigene Initiative bestand vor allem in meiner Ratlosigkeit darüber, wie mein Leben weitergehen soll. Daraufhin habe ich die Stimme „Lerne Magie" sagen gehört – vermutlich ist das meine eigene Seele gewesen. Anschließend gab es dann eine Reihe von „sinnvollen Zufällen", die mich zu Annette und zu Axel geführt haben, mit denen ich eine Menge an Magie erlebt habe.

3. Visionssuche

In einem von Axels Büchern habe ich die Beschreibung einer Meditation gefunden, mit der man ein „Höheres Ich" finden kann. Ich hatte keinerlei Vorstellung davon, was dieses „Höhere Ich" sein könnte, aber ich wußte sofort, daß ich mein Höheres Ich unbedingt kennenlernen wollte. Dieses Buch war „Techniques of High Magic" von Francis King und Stephen Skinner.

In dieser Meditation, die ich jeden Tag durchgeführt habe, geht man zunächst durch die Wüste. Dann kommt man zu einer mittelalterlich wirkenden Stadt mit einer Stadtmauer. Man wird von dem Torwächter eingelassen und geht dann durch die Stadt zu ihrem Zentrum. In der Stadt stehen Bäume an den Straßen und es gibt viele Flüsse und Kanäle. Nach und nach sieht man immer mehr Menschen, die einen schließlich auch sehen und grüßen. In der Mitte der Stadt steht ein kreisrunder Tempel mit einem goldenen Kuppeldach, der oben in der Mitte offen ist. In diesem Tempel stellt man sich in die Mitte und „entflammt sich im Gebet", wie es in der Anleitung so schön heißt.

Diese Meditation habe ich fast zwei Jahre lang täglich durchgeführt ohne daß etwas Großes passiert wäre – aber ich habe nie daran gezweifelt, daß das, was ich da mache, richtig ist.

Eines Tages kam mir in der Stadt auf dem Weg zum Tempel eine Frau entgegen, umarmte mich und sagte: „Ich bin …, die Wölfin." (Ihren Namen behalte ich für mich.) Ich war einfach nur glücklich ohne auch nur zu wissen warum – als ob ich schon jahrelang auf diese Begegnung gewartet hätte. Ab dem nächsten Tag ist sie mir dann nicht mehr als Frau, sondern als Wölfin erschienen – sie ist mein Krafttier.

An demselben Tag, an dem ich der Wölfin-Frau begegnet bin, erschien in dem Tempel ein junger, golden strahlender Mann vor mir – das war meine erste bewußte Begegnung mit meiner Seele. In dem Augenblick, in dem ich ihn gesehen habe, endete bei mir jede Suche nach dem Sinn des Lebens, denn mein Lebenssinn stand vor mir – es geht nur darum, auszudrücken, wer ich bin … und das, was ich bin, sah ich vor mir.

Einige Tage später saß ich nach der Seelen-Anrufung in der „Meditations-Stadt" noch eine Weile in dieser Stadt an dem Ufer des Großen Flusses und habe einfach nur diesen Traumreisen-Ort genossen. Da habe ich auf einmal links vor mir einen baumartigen Strauch gesehene, der merkwürdige schuppenartige Blätter hatte. Er hatte dieselbe Art der leuchtenden Ausstrahlung wie meine Wölfin und meine Seele. Ich habe erst viel später erkannt, daß diese Pflanze ein Thuja ist – meine Kraftpflanze.

- - -

Hier habe ich nur intuitiv, aber nicht konkret gewußt, was ich suche, aber habe mit aller Kraft danach gestrebt. Schließlich ist mehr gekommen, als ich erwartet habe, denn von Krafttieren und Kraftpflanzen hatte ich bis dahin noch nichts gehört. Diese Namen habe ich erst später erfahren und mit meinen Erlebnissen zusammengebracht.

4. auf dem Fahrrad

Manchmal kommen die Einweihungen auch auf noch seltsameren Wegen.

Während meines Zivildienstes bin ich morgens und abends 75 Minuten mit dem Fahrrad zu dem Altenheim gefahren, in dem ich auf der Pflegestation gearbeitet habe. Das war im Winter eisig kalt und ich habe vor allem an den Händen trotz Handschuhen so gefroren, daß es geschmerzt hat.

Das hat mich auf die Idee gebracht, es mal mit Magie zu versuchen. Ich habe beim Einatmen „Feuer" gesprochen und habe mir vorgestellt, Feuer aus dem Erdkern oder aus den Motoren der vorbeifahrenden Autos zu ziehen. Beim Ausatmen habe ich wieder innerlich „Feuer" gesprochen und mir vorgestellt, daß das eingeatmete Feuer in meine Hände fließt. Das Ein- und Ausatmen habe ich zudem mit dem Treten der Pedalen koordiniert, sodaß beides im selben Rhythmus war.

Diese Methode funktionierte gut und meine Hände blieben warm genug und schmerzten nicht mehr. Daher war meine Konzentration 75 Minuten lang ganz auf meine Hände gerichtet – und natürlich auch auf den Straßenverkehr.

Nach ungefähr einem Monat fiel mir auf, daß ich nach einer Weile der Feuer-Meditation in einen anderen Bewußtseinszustand geriet. Das war wie ein Aufwachen aus dem Wachzustand, also ein weiterer Zustand in der Folge „Tiefschlaf – Träumen – Wachen – Erwachen". In diesem Zustand war ich einfach nur glücklich – da war Wärme, Erfülltsein, Frieden, Lächeln, ungerichtete Liebe ... Was will man mehr? Erst sehr viel später habe ich erkannt, daß dies die Einsgerichtetheit ist, also der Ekstase-Zustand.

Nach ungefähr vier Monaten in diesem Zustand, der sich meist schon nach einer halben Minute Fahrradfahren eingestellt hat, geschah noch einmal etwas Unerwartetes. Ich fuhr auf eine Kreuzung zu, als ich auf einmal eine Stimme in mir hörte, die sagte „Spring." Ich sah innerlich einen bodenlosen Abgrund vor mir und bin in Panik geraten, habe in die Pedalen getreten und bin losgerast und habe mich erst nach fünf bis zehn Minuten wieder ein bißchen beruhigt.

Ich habe dann recht schnell erkannt, daß ich da gerade wohl eine Gelegenheit verpaßt habe, etwas ganz Wesentliches zu erleben und daß das eigentlich gar keine Bedrohung gewesen ist.

Ab diesem Erlebnis bin ich erst einmal nicht mehr in der Lage gewesen, in den Zustand der Einsgerichtetheit zurückzukehren.

- - -

Man könnte sagen, daß ich hier in eine Einweihung hineingestolpert bin – falls man nicht davon ausgehen will, daß meine Seele mich zu diesen Erlebnissen gelenkt hat. Beide Erlebnisse („Erwachen" und „Abgrund") sind etwas, was ich mir damals nicht hätte wünschen können, weil ich damals von der Existenz solcher Erlebnisse noch überhaupt nichts gewußt habe.

Anscheinend kann auch die Einweihung beschließen, zu einem zu kommen … genauer gesagt, beschließt dies vermutlich die eigene Seele.

5. Bonner Experimentalmagie-Kreis

Axel und ich hatten immer wieder einmal das Bedürfnis, Gleichgesinnte zu treffen und uns austauschen und zusammen experimentieren zu können.

Ca. drei Jahre, nachdem ich Axel kennengelernt habe, haben sich in Bonn in dem Magie-Buchladen „Horus" ca. ein Dutzend Menschen getroffen, die die verschiedensten Magie- und Meditations-Richtungen erforscht hatten und zusammen den „Arbeitskreis für Experimental-Magie" gegründet haben, der drei Jahre lang bestanden hat und für uns alle eine sehr deutliche Erweiterung unseres Horizontes mit sich gebracht hat – sowohl was Erlebnisse angeht als auch in Hinsicht auf ein klareres Verständnis der magischen Phänomene.

- - -

Auch hier begann alles wieder mit einem Wunsch, der dann den „sinnvollen Zufall" in Gang gesetzt und zu der Gründung der Magie-Gruppe geführt hat.

6. Frank Duval

Die nächste Begegnung ist durch ein Gespräch mit einer Freundin in Gang gekommen, die mir sagte, daß sie jemanden kennt, der mir bei meinen Fragen vermutlich weiterhelfen kann.

So sind wir zusammen nach München zu Frank Duval gefahren, von dem ich einige sehr hilfreiche Anregungen in Bezug auf Meditations-Methoden erhalten habe.

Einige Jahre später sind diese Freundin und ich auf La Palma gewesen, wo Frank zu der Zeit gewohnt hat. Dort hat er mir eine „Einweihung" gegeben, die sehr unspektakulär war – ich hatte währenddessen meine Augen geschlossen. Frank sagte mir, daß es sein könne, daß sich evtl. meine Kundalini in der nächsten Zeit regen könnte und daß möglicherweise auch meine Sexualität etwas reger werden würde. Vor allem das mit der Sexualität ist eingetroffen – die ist völlig über die Stränge geschlagen und ich bin darauf hin sogar fremdgegangen.

- - -

Bei dem ersten Treffen mit Frank habe ich sozusagen Wissen erhalten, bei dem zweiten Treffen anscheinend eine Art „Starkstrom-Anschluß" im Bereich der Lebenskraft, mit dem ich jedoch nicht so recht umgehen konnte.

7. Mother Meera

Ungefähr zu derselben Zeit wie meine Besuche bei Frank hat mich dieselbe Freundin einmal nach Limburg zu Mother Meera zu einem Darshan mitgenommen. So ein Darshan verläuft in völligem Schweigen – die Teilnehmer setzen sich nacheinander eine kurze Zeit vor Mother Meera.

Das, was dabei geschieht, läßt sich nur schwer in Worte fassen – es entsteht ein innerer Frieden und ein Wohlbefinden.

- - -

Hier scheint Mother Meera ihren Besuchern einen inneren Frieden, also einen Bewußtseinszustand zu vermitteln.

8. Jörg

Noch eine andere Art von Einweihung habe ich mit meinem besten Freund Jörg Wichmann erlebt. Als ich ihn eines Tages wieder einmal besucht habe, habe ich ihm gesagt, daß ich das Gefühl habe, daß ich nach Da'ath gelangen müßte, also in diese Abgrenzungslosigkeit, die ich beim Fahrradfahren als „bodenlosen Abgrund" erlebt habe. Darauf sagte er mir, daß er zu derselben Erkenntnis gekommen sei.

(„Da'ath" ist die Bezeichnung für dieses Erlebnis und für diesen Zustand auf dem kabbalistischen Lebensbaum.)

So haben wir beschlossen, jede zweite Woche eine Traumreise zu dem Lebensbaum zu unternehmen und allmählich nach Da'ath aufzusteigen. Das hat unsere Vorstellung davon, in welche Zustände das Bewußtsein gelangen kann, sehr deutlich erweitert.

Seit dieser Zeit haben wir bis zu Jörgs Tod, also ungefähr 35 Jahre lang, unsere Leben parallel gelebt: Wir haben stets – ohne uns abzusprechen – dasselbe getan und erlebt. Das begann mit solchen Dingen wie der gelben Rose, die wir beide auf unseren Hausaltar gestellt haben und endete damit, daß wir in unseren Beziehungen dasselbe erlebt haben. Nach ein paar Jahren haben wir aufgehört, unsere Leben einzeln zu betrachten, sondern haben sie uns immer als Einheit angeschaut – schließlich haben wir ja immer dasselbe getan und erlebt.

- - -

Hier steht nicht nur ein Wunsch, sondern ein Wunsch zusammen mit einem Entschluß am Anfang der Entwicklung.

Warum daraus dieses „Parallel-Leben" entstanden ist, kann ich nicht sagen.

9. Schwitzhütten-Meditation

Nachdem ich meine ersten drei oder vier Schwitzhütten geleitet hatte, habe ich das Bedürfnis gehabt, meine Erlebnisse mit der Schwitzhütte und meine Möglichkeiten in ihr zu vertiefen. Nachdem ich eine Weile überlegt habe, wie ich das am besten erreichen könnte, habe ich beschlossen, zehn Tage lang zu fasten (nichts essen, nur Wasser trinken) und an jedem Tag über einen Aspekt der Schwitzhütte zu meditieren oder eine Traumreise dazu zu unternehmen.

Die Traumreisen habe ich wie folgt aufgebaut:

1. Tag: ganze Schwitzhütte,
2. Tag: Schlange im Westen,
3. Tag: Bär im Norden,
4. Tag: Adler im Osten,
5. Tag: Büffel im Süden,
6. Tag: Großmutter Erde unten,
7. Tag: Großvater Himmel oben,
8. Tag: Großes Geheimnis in der Mitte,
9. Tag: ganze Schwitzhütte,
10. Tag: nicht festgelegt.

Die Wirkung dieses Vorgehens konnte ich nicht einschätzen – schon weil es das bisher das erste und einzige Mal in meinem Leben gewesen ist, daß ich gefastet habe.

Die ersten paar Tage verliefen eher sanft – ich hatte ein paar Bilder auf den Traumreisen und auch ein paar Gespräche mit den Tieren, aber nichts Tiefgreifendes.

Doch dann sah ich beim nächsten Mal sofort, als ich mich hingesetzt und die Augen geschlossen hatte, vor mir einen Lichtstrahl vom Himmel herab in die imaginierte Schwitzhütte kommen, in der ich mich auf meiner Traumreise befand. In diesem Lichtstrahl erschien ein junger Mann. Dieser Mann hat nichts gesagt oder getan, aber es passierte sehr viel und etwas sehr Grundlegendes zwischen uns. Schließlich ist er wieder durch den Lichtstrahl nach oben hin fortgegangen.

- - -

Ich hatte für diesen jungen Mann sofort den Namen „Lichtbringer" in mir. Nach und nach habe ich dann erfaßt, welche Qualität er eigentlich hatte. Er war keiner der üblichen sieben Wesen, die man in die Schwitzhütte ruft. Er verkörperte einen abgrenzungslosen Zustand, eine grenzenlose Weite, in der nichts verborgen sein kann und in der alles offensichtlich ist. Erst eine ganze Weile später habe ich erkannt, daß dies der Zustand ist, den die Buddhisten „Shunyata" und die Kabbalisten „Da'ath" nennen.

Dieses Erlebnis hat mich dazu gebracht, sehr viel zielstrebiger nach diesem abgrenzungslosen Zustand zu streben. Seit diesem Erlebnis habe ich auch den Eindruck, daß meine Schwitzhütten deutlich intensiver geworden sind.

10. Britta

Eines Tages bin ich in bei der Freundin, die mich auch mit zu Frank Duval und zu Mother Meera genommen hatte, in ihrem Bauwagen gewesen. Nach einer Weile hatte ich das Gefühl, daß die Wände des Bauwagens aufhören, solide zu sein – sie waren nur noch wie Bilder. Dieser Zustand wurde immer intensiver, bis ich schließlich das Gefühl hatte, daß es nicht Festes mehr gibt und daß alles abgrenzungslos ist. Das war derselbe Zustand, den ich auf dem Fahrrad als den bodenlosen Abgrund erlebt hatte.

Als ich der Freundin erzählt habe, was ich gerade erlebte, sagte sie, daß sie das gut kennt und daß sie das einige Jahre lang, in denen sie in diesem Bauwagen gewohnt hat, jeden Tag erlebt hat.

An diesem Tag bin ich bis in die Nacht hinein in diesem Zustand geblieben. Ich habe Abends auf der Wiese vor dem Hexenhäuschen am Waldrand, in dem ich damals gewohnt habe, gelegen und habe in den Himmel hinauf geschaut und habe diesem Zustand nachgespürt, in dem es keinerlei feste Mauern mehr zu geben schien. Das fühlte sich an, als ob ich durch Mauern gehen könnte. Aber es gab keinen Grund, das auszuprobieren.

- - -

Auch hier kam die Einweihung wieder unverhofft, aber durchaus zu dem passend, was ich mir gewünscht habe und was ich generell angestrebt habe.

11. Elemente-Mandala

Mit ungefähr 37 Jahren, also 16 Jahre nach meinen Fahrrad-Erlebnissen während meiner Zivildienstzeit, habe ich mich gefragt, ob es nicht doch irgendeine Möglichkeit gibt, wieder dieses Erwachen zu erleben und dann in diesen bodenlosen Abgrund zu springen, d.h. in den abgrenzungslosen Zustand zu gelangen.

Ich habe daraufhin Zen-Roshis, Benediktiner-Mönche, christliche Heiler, tibetische Mönche, Christengemeinschafts-Priester und Magier danach gefragt, aber sie hatten alle nur die Vermutung, daß ich zu viele Drogen nehmen würde – dabei ist die stärkste Droge, die jemals genommen habe (und nicht besonders gut vertrage) Coca-Cola.

Ich mußte es also wohl doch selber herausfinden. Mir schien, daß ich zunächst einmal die Struktur verstehen müßte, die diesem Übergang zu dem Abgrenzungslosen zugrundeliegt. Mithilfe des kabbalistischen Lebensbaumes ließ sich leicht feststellen, daß dieser Übergang dem „Abgrund" zwischen Chesed und Da'ath entspricht – dieser

Übergang trug ja sogar denselben Namen, den ich diesem Übergang spontan gegeben hatte.

Nun war zwar klar, daß dieser Ort auf dem Lebensbaum („Da'ath") u.a. der berühmten Formel „$E=mc^2$" und der Relativitätstheorie entspricht, aber das brachte mich noch nicht weiter.

Also habe ich überlegt, welche Wissenbereich am gründlichsten und detailliertesten erforscht ist, um mir dann in diesem Bereich die Entsprechung zu dem „Abgrund" anzusehen und zu schauen, welche Strukturen es dort gibt. Dieser Bereich schien mir die Kosmologie zu sein, also die Kombination von Kernphysik und Astronomie.

Also habe ich mich ein halbes Jahr lang intensiv mit der Kosmologie befaßt und eine Reihe Fachbücher zu diesem Thema gelesen. Schließlich habe ich dann das gefunden, was ich gesucht habe: die sogenannte „SO3-Symmetrie". Dies ist eine Übersicht darüber, wie sich welche physikalischen Teilchen in andere Teilchen verwandeln können.

Das mußte ich nun nur noch in den Bereich der Magie übersetzen. Also habe ich das Elemente-Mandala genommen, das auch dem Pentagramm-Ritual zugrundeliegt – die vier Elemente entsprechen hier den grundlegenden physikalischen Teilchen. Dann habe ich damit begonnen, mir in Betrachtungen, Meditationen und Traumreisen die Verwandlungen eines jeden der vier Elemente in die jeweils drei anderen Elemente anzusehen.

Durch diese Verwandlungen der Elemente haben sich schrittweise die Grenzen zwischen diesen Elementen aufgelöst. Dieser sanfte Vorgang hat dazu geführt, daß ich dann viel einfacher in den abgrenzungslosen Zustand gelangen konnte – es war nun nicht mehr ein einziger großer Sprung, sondern ein allmähliches Auflösen der Grenzen.

Später habe ich dann erkannt, daß genau dies das Thema und die Vorgehensweise der Mandala-Rituale im tibetischen Buddhismus ist.

Einige Zeit später bin ich dann auch zusammen mit Jörg auf dem Lebensbaum nach Da'ath gereist, wo es für uns beide recht einfach war, in den abgrenzungslosen Zustand zu gelangen. Wir haben ihn jedesmal genossen und hatten nur wenig Motivation, diesen Zustand wieder zu verlassen.

Wieder ca. 15 Jahre später bin ich dann auch in der Natur des öfteren in diesen abgrenzungslosen Zustand geraten – oft wurde das einfach durch die Betrachtung eines Grashalms oder ähnliches ausgelöst. Mittlerweile ist der abgrenzungslose Zustand etwas recht Normales für mich geworden.

- - -

In diesem Beispiel bin ich ausgesprochen zielstrebig und suche mir den Weg zu dem Erlebnis, das ich wieder haben will.

12. Bioladen

In den 20 Jahren, in denen ich in einem Bioladen gearbeitet habe, bin ich einmal mit einer Kunststudentin und einem Kunststudenten, die bei mir eingekauft haben, ins Gespräch gekommen. Wir sind relativ schnell bei dem Problem gelandet, daß die beiden gerade hatten: Der Student hatte das Gefühl, daß sein ganzes Leben bedeutungslos ist.

Da habe ich ihnen vorgeschlagen, daß wir an dem Abend gemeinsam zum Rhein runterfahren. Dort habe ich dann ein kleines Feuer aus Treibholz entzündet und ein Stückchen von der Glut genommen und aufgegessen und danach den Studenten aufgefordert, ebenfalls ein Stückchen Glut zu nehmen und zu essen. Er hat auch nach einer Weile den Mut gefunden, das zu tun.

Dieses Erlebnis hat ihn wieder „aufgeweckt" und er ist wieder „zu sich gekommen" und ist anschließend deutlich lebendiger geworden, hat sich nicht mehr durch vermeintliche Hindernisse erdrücken lassen und hat wieder seinen Weg gesehen.

- - -

Hier konnte ich einem anderen mit einer Art „Einweihung" (wenn man es denn so nennen möchte) weiterhelfen.

Solche Situationen hat es in meiner Zeit im Bioladen des öfteren gegeben.

13. Am See

Als ich einmal zu einer Familienaufstellung nach Freiburg gefahren bin, habe ich in der Nacht zuvor an Ufer eines Baggersee geschlafen, in dessen Nähe die Familienaufstellung am nächsten Tag stattfinden sollte.

Als ich so in der Dunkelheit am See saß und vor mir ein kleines Feuer entfacht hatte, kam nach einer Weile ein junger Mann quer durch den See geschwommen und hat mich gefragt, ob er sich zu mir ans Feuer setzen kann. Wir kamen ziemlich bald auf Magie zu sprechen und es stellte sich heraus, daß er gerade sehr auf der Suche war.

Da habe ich mit ihm die Traumreise zur eigenen Mitte gemacht, bei der er auch ziemlich bald seiner eigenen Seele begegnet ist – was genau das war, was er gebraucht hat.

Danach ist er wieder durch den nächtlichen See ans gegenüberliegende Ufer zurückgeschwommen und ich habe mich schlafen gelegt.

- - -

Einweihungen können auch vollkommen ungeplant und spontan entstehen – dabei treffen sich auf manchmal die seltsamsten Weisen jemand, der etwas braucht, und jemand, der etwas kann.

14. Zusammenfassung

Man kann sich nun anschauen, welche Elemente sich in diesen Einweihungs-Erlebnissen finden lassen.
Dies sind:

1. Am Anfang steht ein Wunsch, der mehr oder weniger deutlich innerlich formuliert und äußerlich ausgesprochen wird.
Dieser Wunsch kann auch mit einem Entschluß verbunden sein, wenn das Ziel und ein möglicher Weg dorthin klar genug ist.

2. Der „sinnvolle Zufall" fügt die Ereignisse so, daß man die Menschen und Umstände trifft, die dafür notwendig sind, damit der Wunsch in Erfüllung geht.

3. In manchen Fällen gibt es Erklärungen, Erläuterungen, Anleitungen und ähnliches – also das, was in buddhistischen Einweihungen „Belehrung" genannt wird.

4. In anderen Fällen gibt es zusätzlich zu der Belehrung oder statt ihr eine Verbindung zu einer Kraft oder zu einem Bewußtseinszustand – das wird in buddhistischen Einweihungen „Kraftübertragung" genannt.

5. Die Belehrung und die Kraftübertragung ermöglichen ein neues, höheres Niveau in der Magie und in der Meditation.

6. Zu der „Belehrung und Kraftübertragung" kann man auch ohne einen Meister gelangen. In diesem Fall geht die Einweihung von der eigenen Seele aus oder sie wird durch Erkenntnisse und Erlebnisse auf Traumreisen und ähnlichem ausgelöst.

Es gibt offenbar ein schlichtes Muster, das den Einweihungen zugrundeliegt: Am Anfang steht ein Wunsch, der evtl. mit einem Entschluß verbunden ist. Daraufhin führt der „sinnvolle Zufall" den Betreffenden zu den Personen und Umständen, die dem Betreffenden „Belehrung und Kraftübertragung" geben.

Durch die Beispiele von eigenen Erlebnisse, die ich in diesen Kapitel angeführt habe, zeigt sich, daß es keine scharfe Grenze zwischen „Einweihung" und „besonderes Erlebnis" gibt. Wie soll man den Begriff „Einweihung" sinnvollerweise definieren und benutzen?

Die Erlebnisse mit dem Yogi von Ananada Marga, mit Frank Duval und mit Mother Meera entsprechen der klassischen Vorstellung einer Einweihung: Ein Weiser gibt einem Neuling Rat und Hilfe und ermöglicht ihm ein Erlebnis. Man kann sich jedoch auch selber Rat suchen und sich selber helfen und aus Eigeninitiative heraus zu neuen Erlebnissen gelangen. Und es sieht so aus, als würde auch die eigene Seele manchmal solche Erlebnisse in Gang setzen. Schließlich gibt es dann noch den „sinnvollen Zufall", der den Ablauf der ganzen Ereignisse koordiniert.

Vermutlich ist es am sinnvollsten, die klassische Form der Einweihung als einen Sonderfall der vielen möglichen Formen der Einweihung anzusehen, durch die man den eigenen Horizont erweitern und zu neuen Erlebnismöglichkeiten und zu neuen Bewußtseinszuständen gelangen kann.

Im nächsten Kapitel werden die verschiedenen klassischen Formen der Einweihung sowie einige Formen der eher schlichten Einweihungen betrachtet, was es ermöglicht, die Struktur und Dynamik von Einweihungen noch ein wenig genauer zu beschreiben.

III Einweihungen, Mysterienkulte und anderes

Nach diesem ersten Überblick mithilfe von persönlichen Erfahrungen kann man nun einmal die verschiedenen Arten von traditionellen Einweihungen näher betrachten: Wie funktionieren sie? Was vermitteln sie? Wer vermittelt das? Welche Wesen sind dabei beteiligt? Welche Struktur und Dynamik haben sie?

Die folgenden Einweihungen sind keinesfalls eine vollständige Aufstellung, aber sie snid eine grobe Übersicht darüber, welche Varianten es alles gibt. Diese Übersicht soll vor allem ermöglichen, ein klareres und schärfer konturiertes Bild von Einweihungen zu zeichnen.

1. Traumreisen

Wenn man Einweihungen im Wesentlichen als das Knüpfen von Kontakten zu neuen Erlebnissen und Möglichkeiten auffaßt, zählen auch schon manche Traumreisen zu den Einweihungen – insbesondere solche, die den Kontakt zu Gottheiten herstellen.

Das Element des „Meister und Schüler" kommt dann hinzu, wenn man selber das erste Mal mit jemand anderem eine Traumreise durchführt und der andere daraufhin auch alleine Traumreisen durchführen kann.

Noch ein weiteres Element kommt hinzu, wenn man mit einem Ratsuchenden die „Traumreise zur eigenen Mitte" durchführt, durch die für den Ratsuchenden der Kontakt zu dessem eigener Seele und manchmal auch zu dessen eigenem Krafttier hergestellt wird. In diesem Fall eröffnen sich dem Ratsuchenden neue Verhaltensmöglichkeiten, eine Stabilisierung der eigenen Identität und auch neue Möglichkeiten in der Magie und in der Meditation. In diesem Sinne wäre ich schon ein ziemlich fleißiger „Meister" gewesen.

- - -

Je nach der Weise, in der man diese Traumreisen mit jemand anderem durchführt, finden sich hier sowohl die „Belehrung" (vorher die Anleitung zur Traumreise und anschließend die Besprechung des Erlebten) als auch die „Kraftübertragung" (das Erlernen der Traumreise; der Kontakt zur eigenen Seele).

2. Die Deutung des Horoskops

Das Berechnen und Deuten des Horoskops zählt normalerweise nicht zu den Einweihungen. Bei einer erfolgreichen Horoskopdeutung erlangt der Ratsuchende jedoch oft ganz neue Erkenntnisse und es eröffnen sich ihm neue Verhaltensmöglichkeiten. Daher kann man auch eine Horoskopdeutung im weiteren Sinne zu den Einweihungen zählen.

- - -

Der Schwerpunkt liegt hier ganz klar bei der „Belehrung" also bei den neuen Erkenntnissen und den dadurch entstehenden neuen und effektiveren Verhaltensweisen.

3. Telepathie-Versuche

Experimente mit Telepathie, die dazu führen, daß der Betreffende erkennt, daß es Telepathie gibt, können durchaus ein „Augenöffner" sein, der unter Umständen das Weltbild des Betreffenden völlig verändert.

Der einfachste Telepathie-Nachweis kann wie folgt durchgeführt werden: Person 1 steckt jeweils eine Postkarte, Photo oder Gemälde-Kunstdruck in ein Dutzend Briefumschläge. Person 2, 3, 4, und 5 setzen sich an einen Tisch und legen einen dieser Umschläge zwischen sich. Die vier Personen „schauen" innerlich ca. 5 Minuten in den Umschlag und schreiben ihre Wahrnehmungen auf. Aus den aufgeschriebenen Wahrnehmungen, die bei mindestens 2 Personen übereinstimmen (z.b. Wasser, Baum, Sonne) wird dann das Bild in dem Umschlag rekonstruiert (z.B. Baum am Meer im Sommer). Dann wird der Umschlag geöffnet und die auf der telepathischen Wahrnehmung beruhende Beschreibung mit dem Bild in dem Umschlag verglichen.

- - -

Dies ist eine recht präzise und auf ein Detail bezogene Einweihung – die jedoch weitreichende Auswirkungen auf das Weltbild haben kann.
(Siehe bei Bedarf mein Buch „Telepathie für Anfänger".)

4. Telekinese-Versuche

Dasselbe wie bei der Telepathie kann man auch mit der Telekinese durchführen. Dazu kann man sich bei youtube den unter „paper wheel" angeführten Versuch anschauen und ihn selber durchführen.

- - -

Auch dies ist eine präzise Detail-Einweihung, die eine große Auswirkungen auf das Weltbild haben kann.
(Siehe bei Bedarf mein Buch „Telekinese für Anfänger".)

5. Familienaufstellung

Auch Familienaufstellungen können das Weltbild grundlegend verändern, da bei ihnen offensichtlich eine komplexe kollektive Telepathie stattfindet, durch die es möglich wird, daß eine Gruppe von Menschen spontan Menschen und familiäre Ereignisse darstellt, von denen sie überhaupt nichts wissen.
Der Einweihungseffekt ist hier natürlich am größten, wenn ein Thema aus der eigenen Familie aufgestellt wird. Oft sprechen dabei auch Verstorbene durch die Teilnehmer einer solchen Familienaufstellung.

- - -

Die Wirkung dieser Art von Einweihung kann sehr verschieden sein – es hängt davon ab, wie intensiv man das Ganze auf sich wirken läßt.
Hier zeigt sich auch noch ein weiteres Element, das bei Einweihungen auftreten kann: Die Erlebnisse während einer Familienaufstellung können die Vorstellungen, Einstellungen und Gefühle des Betreffenden deutlich verändern, aber diese Veränderungen brauchen manchmal Zeit und Übung, um wirklich geerdet zu werden und „Alltags-sicher" zu werden.
Dieser Effekt ist auch von Einweihungen durch Yogis u.ä. bekannt.

6.   Traumreisen nach Chesed

Wenn man Traumreisen auf dem Lebensbaum unternimmt, kann man Dinge entdecken, die man möglicherweise nicht erwartet hat. So kann man z.B. in Chesed die Erinnerungen an die eigenen früheren Inkarnationen finden. Dieser Bereich wird auch „Schicksalsbuch", „Akasha-Chronik", „Erbgedächtnis" und ähnliches genannt.

Derartige Erlebnisse kann man durchaus zu dem Bereich der Einweihungen rechnen, da sie das normale Weltbild und das normale Wissen deutlich erweitern.

- - -

Hier findet man sowohl Wissen als auch neue Erlebnisse, weshalb man die Traumreisen in die Kategorie „Belehrung und Kraftübertragung" einordnen kann – obwohl man diese Traumreise möglicherweise alleine und aus eigener Kraft heraus unternommen hat.

7.   Invokationen von Gottheiten

Die Anrufungen von Gottheiten, die man dann innerlich oder äußerlich vor sich sieht und mit denen man sich dann identifiziert, sind sicherlich eine deutliche Erweiterung des eigenen normalen Bewußtseins – und jede Invokation einer neuen Gottheit ist wieder ein ganz neues Erlebnis.

- - -

Solche Invokationen sind sehr verschiedene Erlebnisse, weshalb man sie nicht generell einordnen kann, auch wenn der Schwerpunkt in den meisten Fällen vermutlich auf der „Kraftübertragung" liegt, da man bei der Invokation eben vor allem das Bewußtsein, die Sichtweise und die Kraft einer bestimmten Gottheit erlebt.

8.   Dämonenbeschwörung

Bei einer Evokation strebt man nicht die Identifizierung mit dem gerufenen Wesen an, sondern das Gespräch mit diesem Wesen, das außerhalb von einem selber bleibt. Diese Wesen können Geister, Ahnen, Dämonen, Engel, Gottheiten usw. sein.

Auch hier kann das Erlebnis recht verschieden ausfallen:

    - Nach meiner ersten Dämonen-Beschwörung habe ich monatelang Angst gehabt und habe in dieser Zeit sehr gründlich gelernt, mit meiner Angst umzugehen.

    - Bei meinen Isis-Anrufungen habe ich hingegen Geborgenheit kennengelernt.

    - Auf Traumreisen zu dem germanischen Richter-Gott Forseti habe ich von ihm Dinge erklärt bekommen, die ich zuvor jahrelang vergeblich zu verstehen versucht habe.

- - -

Evokationen und etwas allgemeiner Anrufungen rufen im allgemeinen vor allem Gefühle hervor, aber man kann von den angerufenen Wesen auch wertvolle Informationen erhalten. Hier finden sich somit sowohl „Belehrung" als auch „Kraftübertragung".

9. Einweihungen in einem Orden

Einweihungen in einem Orden können sehr verschieden ausfallen. In den Einweihungsritualen des Golden Dawn invozieren die Magier, die die Einweihung durchführen, jeweils eine Gottheit in sich selber, wobei die invozierten Gottheiten insgesamt Teil einer Mythe sind – es wird also gemeinsam eine Mythe invoziert. Dadurch wird der Neuling mit in diese Mythe „gezogen" und erlebt mit einiger Wahrscheinlichkeit die Rolle der Gottheit, die er selber in diesem Ritual innehat – möglicherweise ohne diese Rolle bewußt zu kennen.

- - -

Solche Einweihungen können sehr effektiv sein, aber das hängt natürlich sowohl von dem Können der Magier ab als auch davon, wie gut die betreffende Einweihung zu dem Neuling paßt.

10. Schamanen-Einweihung

Die Einweihung eines Schamanen ist eher rustikal – er stirbt beinahe. In den meisten Fällen ist dies ein Jagdunfall oder eine schwere Krankheit. Diese Krise ist so heftig, daß er einen Nahtod erlebt, d.h. er verläßt mit seinem Astralkörper seinen physischen Leib und weiß daher anschließend, daß er mehr als nur sein Leib ist.

Nach einem solchen Erlebnis geht er dann bei einem erfahrenen Schamanen in die Lehre und lernt bewußt seinen Körper zu verlassen und in das „Astralkörper-Reich", also in das Jenseits zu den Ahnen zu reisen, um sie um Rat und Hilfe bitten zu können.

- - -

Dieses Nahtod-Erlebnis ermöglicht es dem Schamanen, selber in das Totenreich zu reisen – dies gehört zu dem Bereich der „Kraftübertragung", da hier etwas Neues erlebt, ein neuer Kontakt geknüpft und dadurch neue Möglichkeiten erlangt werden.

Allerdings gibt es auch den Aspekt der „Belehrung", da der angehende Schamane anschließend an sein Nahtod-Erlebnis bei einem erfahrenen Schamanen in die Lehre geht.

11. Hethiter

Im Kult der Hethiter gab es eine Grube, die vermutlich ein Grab dargestellt hat und wahrscheinlich von den Schamanen oder Priestern für Jenseitsreisen verwendet worden ist. Möglicherweise dienten diese Gruben auch für Einweihungen.

- - -

Der Aufenthalt in einem realen oder symbolischen Grab ist bei mehreren Einweihungszeremonien ein wesentliches Element, da es bei vielen Einweihungszeremonien um die Herstellung eines Kontaktes zu dem Totenreich, d.h. zu den Seelen der Toten, zu den Seelen der Lebenden und zu der eigenen Seele geht.

12. Visionssuche der Indianer

Auch bei der Visionssuche der Indianer findet sich der Aufenthalt in einer Grube oder Höhle bzw. auf einem Hügel, die das Jenseits darstellen. Diese Visionssuche dauert oft drei Tage, während der nichts gegessen und nichts getrunken wird.

Auch dies ist eine rituelle Jenseitsreise.

- - -

Die Grube ist der Eingang zum Unterwelt-Jenseits, der Hügel ist der Weg zum Himmel-Jenseits.

13. Mithras-Kult

In den Mithras-Mysterien stieg der Einzuweihende in einen Schacht hinab, über den ein Gitter gelegt wurde, auf dem man dann einen Stier opferte, der mit dem Einzuweihenden identifiziert wurde. Am Ende des Rituals stieg der nun Eingeweihte mithilfe einer siebensprossigen Leiter wieder aus dem Schacht herauf. Mithras selber wurde als Sonnengott aufgefaßt.

Auch dieses Ritual ist eine symbolische Jenseitsreise.

- - -

Als neues Element findet sich hier die Himmelsleiter, die mit dem Weltenberg, dem Götterberg, dem Weltenbaum, der Mittelstange des Zeltes u.ä. identisch ist. Sie ist der Weg ins Himmels-Jenseits.

Der Stier stammt aus den Bestattungs-Vorstellungen. Der (männliche) Tote mußte sich im Jenseits mit der Jenseitsgöttin wiederzeugen, um anschließend von ihr wiedergeboren und wiedergestillt zu werden. Um diese Wiederzeugung abzusichern, wurde für den Toten ein Herdentier geopfert und ihm dessen Zeugungskraft übertragen – die Herdentiere hatten ganz offensichtlich eine große Zeugungskraft und eine große Fruchtbarkeit. Dieses Herdentier ist im Mithras-Kult ein Stier gewesen.

14. Prajapati-Ritual

Der Name des indischen Gottes Prajapati bedeutet „Allvater" und bezeichnete die höchste Gottheit, d.h. Brahma oder Indra. „Allvater" wird ursprünglich ein Beiname des Dhyaus als Göttervater gewesen sein. Er wurde auch als der Herr der Tiere und als der Gott der Zeugungskraft angesehen.

Für das Ritual wurde zunächst ein Jahr lang ein Altar errichtet, der zumindest symbolisch von allen Dingen auf der Erde ein Teil enthielt: von jeder Pflanze, jedem Tier, jedem Gestein ein Stück. Im Inneren des Altars befand sich eine goldene Statue des Prajapati – Gold war das Metall der Sonne und somit auch des Dhyaus und des Prajapati. Dieser Altar ist das älteste bekannte Mandala. Die goldene Statue stellte sowohl den Gott Prajapati als auch die Seele des Einzuweihenden dar. Durch das Ritual wurde die Seele des Einzuweihenden eins mit Prajapati.

Das Ritual begann damit, daß rings um den Altar mehrere große Feuer entzündet wurden. Dann verschenkte der Einzuweihende all seinen Besitz und trennte sich von allen seinen Verwandten einschließlich seiner Frau. Nach diesem symbolischen Tod reiste er ins Jenseits und kehrte dann schließlich wiedergeboren zurück. Am Ende des Rituals wurde gemeinsam der Soma-Trank getrunken.

Nun erhielt er von allen Teilnehmern an dem Ritual Geschenke und begann als „Zweimal-Geborener" ein neues Leben.

- - -

In diesem Ritual ist das Verschenken ein symbolisches Sterben. Der Soma-Trank geht auf das Motiv des Wiederstillens durch die Göttin zurück – der Soma-Trank bestand daher auch vor allem aus Milch.

15. Kybele und Attis

Die Mysterien der der Kybele und des Attis/Adonis lassen sich nicht nicht mehr genau rekonstruieren. Die Mysterien enthielten aber u.a. ein Stieropfer, das Fällen einer Pinie, die sowohl den Weltenbaum als auch den Attis selber darstellte, sowie einen „Abstieg ins Brautgemach", der sich wohl auf den Weg in die Unterwelt („Abstieg") zu der Göttin Kybele bezieht, mit der sich Attis bzw. der Jenseitsreisende selber wiederzeugte („Brautgemach"), um daraufhin von Kybele wiedergeboren zu werden. Der Stil der Mysterien war sehr ekstatisch und es wird auch über das Spielen von Instrumenten berichtet. Eine zentrale Rolle spielte auch das Essen „aus dem Tympanum (Handtrommel)" und das Trinken „aus der Zimbel".

- - -

In diesen Mysterien-Einweihungen spielt die Wiederzeugung im Jenseits die größte Rolle. Von diesem Motiv stammt auch das Tantra-Yoga ab und ebenso die sexuellen Rituale in den Tempeln im Mittelmeerraum vor ca. 2000 Jahren, die in der Religionswissenschaft oft irreführenderweise „Tempel-Prostitution" genannt werden.

16. Samothrake

Die Mysterien von Samothrake bestanden aus einem Reinigungsbad, nach dem alle weiße Gewänder anzogen. In der Nacht wurde dann von jedem ein Trankopfer in einen Schacht gegossen, um sich mit den Unterweltgottheiten zu verbinden. Es ist anzunehmen, daß dieser Schacht zu Axiersa, der Göttin der Unterwelt, führte, die die Toten wiedergebar. Danach wurde zu Musik ekstatisch getanzt, um die Götter in den eigenen Körper einzuladen.

- - -

Das Kernstück auch dieser Mysterien-Einweihungen ist die Jenseitsreise. An die Stelle des Grabes oder der Grube tritt hier der Schacht, der symbolisch gesehen in die Unterwelt führt.

17. Dionysos

In der vermutlich ältesten Dionysos-Mythe sind die Eltern des Gottes Dionysos Zeus und Demeter oder Zeus und Persephone. Um sich mit Persephone zu vereinen, nahm Zeus die Gestalt einer Schlange an und kroch in die Unterwelt hinab – so wie sich auch Odin auf seinem Weg zu Gunnlöd in eine Schlange verwandelte.

In dieser Mythe sandte Hera die Titanen, die Dionysos nach seiner Geburt in sieben Stücke zerrissen, in einem Kessel kochten, über einem Feuer brieten und schließlich verschlangen. Demeter bzw. Persephone rettete jedoch das Herz des Dionysos, das Zeus der Semele zu essen gab, wodurch diese schwanger wurde und schließlich den Dionysos gebar.

Die neuere Variante beginnt damit, daß sich Zeus mit der sterblichen Frau Semele vereinte, woraufhin sie mit Dionysos schwanger wurde. Hera drängte Semele, sich von Zeus beweisen zu lassen, daß er wirklich der Göttervater war. Als sich dieser auf

Semeles Drängen hin in seiner wahren Gestalt zeigte, starb sie, da kein Sterblicher den unverhüllten Anblick eines Gottes ertragen kann. Zeus rettete jedoch den Embryo des Dionysos und nähte ihn sich in den Schenkel ein.

Als es Zeit für die Geburt war, löste Zeus ihn auf dem Berg Pramnos auf der Insel Ikaria aus seinem Schenkel. Dort hüteten Nymphen das Kind in einer Höhle und geben ihm Honig zu essen. Dionysos wurde wegen dieser Entstehungsgeschichte auch „der Zweimalgeborene" genannt: Er war ein sterbenden und wiedergeborener Gott.

Als Dionysos herangewachsen war, erfand er den Wein und auch das Theater (dessen historischer Ursprung in den Mysterienspielen liegt).

Es gibt eine ganze Reihe von Geschichten, in denen Dionysos seine Gegner in Wahnsinn versetzte oder ihr Land mit einer Dürre verfluchte. Dionysos hat hier große Ähnlichkeit mit den Druiden und den Brahmanen, von denen ganz ähnliche Wundertaten berichtet werden.

Dionysos reiste mehrfach in den Hades hinab. Seine erste Reise unternahm er von einem bodenlosen See aus, um seine Mutter zu holen und sie unter die Sterne zu setzen.

Von dem Zentaur Chiron lernte er Gesänge und Tänze und die Bacchus-Rituale und -Einweihungen.

Die Rituale des Dionysos wurden von den Mänaden ausgeübt. Sie trugen wie Dionysos ein Pantherfell, hielten lebende Schlangen in ihren Händen, die sich um ihre Arme ringelten, versetzten sich durch Musik, Wein und Tanz in Ekstase, tranken Wein, praktizierten die freie Liebe und zerrissen in ihrer Ekstase oft wilde Tiere oder Rinder. Manchmal trugen sie statt dem Pantherfell auch Hirsch- Reh- oder Fuchsfelle und in manchen Darstellungen halten sie eine brennende Fackel in ihrer Hand.

Das Ziel des Dionysoskultes war es, die Menschen durch Tanz, Musik und Ekstase von den Sorgen und dem Leid des Alltags zu befreien. Dionysos war ein Gott, der die Seelen befreite und der die Verbindung zwischen den Lebenden und den Toten (wieder-)herstellte. Daher wurde er auch Eleutherios, der „Befreier" genannt.

Dionysos erschien ursprünglich als Stier oder auch als Zicklein (in das er einmal von Zeus verwandelt wurde) und wurde meistens mit Hörnern auf seinem Kopf dargestellt. Diese beiden Gestalten des Dionysos gehen auf die Identifizierung des Toten bei der Wiederzeugung mit einem Stier oder einem Ziegenbock zurück. Dionysos wurde oft von Faunen (Männer mit Ziegenunterleib und Ziegenhörnern) und Silenen (Männer mit den Ohren, Hufen und Schweifen von Pferden) begleitet, die wie er selber die Toten im Jenseits darstellten (Stiermann, Ziegenmann, Pferdemann).

Ein wichtiges Symbol des Dionysos war der Tyrsos-Stab, der aus einem Stengel des Riesenfenchels bestand, an dessen oberem Ende ein Kiefernzapfen befestigt und mit Bändern u.ä. geschmückt wurde. Der Kiefernzapfen war eines der Symbole der

Göttin Kybele. Vermutlich war dieser Stab ein Penis-Symbol (Wiederzeugung).

Die Verbindung des Dionysos mit der Unterwelt war so ausgeprägt, daß die Griechen ihn sowohl dem Hades als auch dem ägyptischen Toten- und Korngott Osiris gleichsetzten. Sie sahen ihn auch als identisch mit dem kleinasiatischen Attis, dem persischen Mithras, dem thrakischen Sabazios (Pater Zeus), dem römischen Bacchus und dem römischen Liber Pater an. Durch diese Entsprechungen wird deut-lich, daß Dionysos vor allem als ein Gott des (bewußten) Weges in das Jenseits auf-gefaßt wurde – was letztlich das Thema aller Mysterien ist.

- - -

Auch in diesen Mysterien ist die Jenseitsreise das zentrale Element.

18. Orpheus

In manchen Erzählungen ist der Gott Apollon der Vater des Orpheus. Seine Mutter war Kalliope („die Schönstimmige"), die Muse der Dichtkunst und der Wissenschaft.

Orpheus blieb auch in seinem Leben eng mit dem Gott Apollo verbunden. So wird berichtet, daß Orpheus in dem Rhodopengebirge in Nordgriechenland auf dem Berg Pangaion oft den Apollon verehrte.

Wenn Orpheus auf der Lyra spielte, die er von Apollon geschenkt erhalten hatte, und dazu sang, scharten sich die wilden Tiere um ihn, neigten sich ihm die Bäume zu und begannen die Felsen zu weinen. Sein Gesang übertönte sogar den gefürchteten Gesang der Sirenen und er beruhigte das tosende Meer.

Diese Schilderung erinnert sehr an die Fähigkeiten der Druiden/Barden, die auch für ihre Beherrschung von Wind und Meer bekannt waren. Auch die Verwandlung der Druiden sowie der Yogis und Brahmanen in die verschiedensten Tier, Pflanzen und Dinge während ihrer Meditation hat große Ähnlichkeit mit der Wirkung des Gesanges des Orpheus. Man kann daher wohl von einer gemeinsamen Wurzel der Fähigkeiten und Erlebnisse der Druiden, Yogis, Brahmanen und des Orpheus in der Tradition der indogermanischen Schamanen ausgehen. Dies ist auch schon deshalb wahrscheinlich, weil die Mysterien eine Weiterentwicklung der schamanischen Tradition waren.

Selbst nach seinem Tod war Orpheus noch eng mit Apollon verbunden: Der Kopf des Orpheus wurde mitsamt seiner Lyra in den Fluss Hebros geworfen, der ihn hinab in das Ägäische Meer spülte und schließlich an der Küste der Insel Lesbos an Land getrieben wurde. Der Kopf des Orpheus sang jedoch immer weiter, bis Apollon ihm zu schweigen gebot.

Das Motiv des sprechenden Kopfes eines Toten ist auch von den Kelten (Bran) und den Germanen (Mimir) gut bekannt und geht letztlich auf den noch aus der Altstein-zeit stammenden Schädelkult zurück, mit dessen Hilfe man den Kontakt zu den Ahnen aufrecht erhielt.

Die wichtigste Erzählung über das Leben des Orpheus ist seine Reise in den Hades hinab. Die Dryade (Eichenbaumnymphe) Euridike („die weithin Richtende") war die Braut des Orpheus. Als Aristaios, der Sohn des Apollon, der den Menschen die Kenntnis über die Ölbäume, die Imkerei, die Käseherstellung und ähnliches gebracht hatte, Eurydike zu vergewaltigen versuchte, floh diese und starb dabei an einem Schlangenbiß.

Orpheus stieg daraufhin hinab in die Unterwelt, um den Gott Hades durch sein Spiel auf der Lyra und durch seinen Gesang dazu zu bewegen, Eurydike wieder ins Diesseits zurückkehren zu lassen. Hades und Persephone gewährten ihm seine Bitte, aber da er sich bei seiner Rückkehr ins Diesseits einmal entgegen der von den beiden Gottheiten gestellten Auflage nach Eurydike umblickte, mußte sie doch in der Unterwelt bleiben.

Die Verbindung des Orpheus mit der Unterwelt ist sehr ausgeprägt: Seine Mutter und seine Geliebte waren Nymphen, die vervielfältigte Gestalten der Muttergöttin sind (Wiedergeburt); sein Vater war ein Flußgott (Jenseitsgrenze); er meditierte auf dem Berg der Göttin Pangaion; sein Großvater war ein Nachkomme des Atlas (Verbindung zum Himmel); er ist eng mit dem Sonnengott Apollon verbunden; er reiste selber in die Unterwelt; und sein Kopf sang im Diesseits noch weiter, als er bereits tot in der Unterwelt war.

Sein Abstieg in den Hades ist auch eng mit dem Abstieg des thrakisch-dakischen Religionsgründers Zalmoxis verwandt, der in etwa zur selben Zeit wie Orpheus lebte.

Orpheus zufolge enthielt die menschliche Seele durch Dionysos Gutes und durch die Titanen (die das Kind Dionysos gefressen hatten) Böses, sodaß der Mensch gezwungen war, zwischen beidem zu wählen – was zur selben Zeit in Persien auch Zarathustra eindrücklich predigte. Durch die Befolgung des orphischen Lebens-wandels, durch Askese und die Teilnahme an den geheimen Riten der Orpheus-Mysterien konnten die Menschen nach ca. einem Dutzend Inkarnationen dann den Kontakt zu den Göttern erlangen und schließlich ihren Leib endgültig verlassen und im Jenseits ein glückseliges Leben führen.

Wie in der indischen Reinkarnationslehre hatten auch die Orphiker die Vorstellung, daß die Taten im Diesseits eine Auswirkung auf den Zustand des Menschen im Jenseits hatten und die schlechten Taten Strafen nach sich zogen. Dies entspricht den indischen Karma-Vorstellungen. Diese Weltanschauung stimmt auch weitestgehend mit den Ansichten des Pythagoras überein, der ebenfalls ein Zeitgenosse von Orpheus und Zarathustra war.

In mythologischer Hinsicht entstand diese innere Verfassung der Menschen dadurch, daß Dionysos, der Sohn des Zeus und der Persephone, als Kind von den

Titanen zerstückelt und gefressen wurde, die daraufhin von Zeus durch einen Blitz zu Asche vernichtet wurden. Zeus und Athene belebt den Dionysos wieder und erschufen aus der Asche, die Teile der Titanen und des Dionysos enthielt, die Menschen.

In den Gräbern von Orphikern fanden sich Goldblättchen mit aufschlußreichen Inschriften: *„Ich bin der Sohn der Erde und des sternbesäten Himmels. Ich bin durstig, gebt mir bitte etwas von der Quelle der Erinnerungen (Mnemosyne) zu trinken."* – *„Nun bist Du tot, und nun wirst Du, der Du dreifach gesegnet worden bist, an diesem Tag geboren. Sag Persephone, daß Bacchus selber Dich befreit hat."*

Das Trinken aus dem Quell der Erinnerungen ist auch von Odin bekannt, der aus der Quelle des Riesen Mimir zwischen den Wurzeln des Weltenbaumes getrunken hat und dadurch seine Kenntnisse über das Jenseits erlangte. Sowohl Mimir als auch Mnemosyne bedeuten „Erinnerung".

- - -

Auch diese Mysterien haben sich rings um die Jenseitsreise der zentralen Gestalt dieser Mysterien – eben Orpheus – gebildet, der das Vorbild für diejenigen war, die sich in den Mysterien des Orpheus einweihen lassen wollten.

Hier wird ein weiteres Element der Einweihungen deutlich: Das meist göttliche oder vergöttlichte Vorbild, dem die Menschen mithilfe der Einweihung auf der Jenseitsreise ihres Vorbildes zu folgen versuchen.

19. Sol Invictus und Liber Pater

Die Mysterien des Sol Invictus waren die römische Entsprechung zu dem Mithras-Kult, während die Rituale des Liber Pater die römische Entsprechung zu den Mysterien des Dionysos waren.

- - -

Auch in diesen Mysterien ist die Jenseitsreise – hier die nächtliche Unterweltsreise der Sonne – das wesentliche Element.

20. Mysterien von Eleusis

Die Mysterien der Demeter in Eleusis waren die bekanntesten Mysterien. Sie werden im folgenden ausführlicher beschrieben.

Eine der Voraussetzungen für die Teilnahme an den Großen Mysterien von Eleusis, die alle fünf Jahre stattfanden, war die Teilnahme an den jährliche zelebrierten Kleinen Mysterien von Eleusis, die aus einer Reinigung der Teilnehmer und dem Opfern eines Schweines bestand.

a) Die kleineren Mysterien von Eleusis

Die Bedeutung der kleineren Mysterien finden sich auf einem dreiteiligen Bild dargestellt, das die Einweihung des Herakles zeigt.

1. Auf dem ersten Bild führt Herakles das gut bekannte Schweineopfer durch.

2. Das zweite Bild zeigt Herakles mit verhülltem Haupt auf einem mit einem Widderfell bedeckten Schemel sitzend, während eine Priesterin von hinten her eine Handvoll Getreidehalme über ihn hält. Diese Szene wurde von den Griechen auch im Zusammenhang mit Demeter dargestellt: Sie saß während ihrer Suche nach ihrer Tochter Persephone mit verhülltem Haupt im Palast des Königs Keleos auf einem mit einem Widderfell bedeckten Schemel.

Die Symbolik dieser Szene ist von den Indogermanen gut bekannt: Es ist die Reise des Schamanen in das Jenseits, der sich dabei mit dem Stier, Pferd oder Ziegenbock identifiziert hat. Das Sitzen auf dem Fell ist eine Variante der Identifikation mit dem männlichen Herdentier, die auch von den den Druiden bekannt ist, die bei ihrer Jenseitsreise auf einem Stierfell sitzen. Das Verhüllen des Hauptes ist sozusagen die „Light-Variante" des Abstiegs in den Einweihungsschacht.

Diese Szenerie findet sich nicht nur bei Herakles und bei den Druiden, sondern auch beim Utiseta der Germanen, die sich auf ein Rinderfell setzten, wenn sie mit den Toten reden wollten, und bei dem ägyptischen Sem-Priester, der sich in ein Rinderfell hüllte, wenn er bei der Bestattung ins Jenseits reiste. Man kann wohl davon ausgehen, daß auch das Goldene Vlies der griechischen Sage sowie das Lammfell, auf das die Hethiter die Orakel und Wünsche für das kommende Jahr schrieben und das sie dann an eine junge Eiche hefteten, zu dieser Symbolik gehört.

In der auf dem zweiten Bild dargestellten Szene reist Herakles dieser Symbolik zufolge in die Unterwelt. Das mythologische Vorbild dazu ist Demeters Suche nach Persephone.

3. Auf dem letzten der drei Bilder erscheint Herakles in reichen Gewändern und mit dem Bacchos-Stab in der Hand als Eingeweihter, der vor Demeter steht, die auf einem Weidenkorb sitzt, um den sich eine Schlange ringelt. Dabei schaut Herakles auf die sich nähernde Persephone, die ein Fackel in ihrer Hand hält. Sowohl die Schlange als auch die Fackel sind Symbole des Weges in die Unterwelt. Herakles ist also wie Persephone aus der Unterwelt zurückgekehrt.

Die kleineren Mysterien enthalten sozusagen in Kurzform die größeren Mysterien. Man kann wohl davon ausgehen, daß es ursprünglich nur einen Mysterienkult gegeben hat und die größeren Mysterien einfach eine weiterentwickeltere, differenziertere und komplexere Version der alten Mysterien sind.

b) Die größeren Mysterien von Eleusis

Unter der Leitung des Archon Basileus („Hochkönig" = Oberpriester) von Athen wurde zunächst der Demeter oder Persephone ein Schwein geopfert. Manchmal haben die Teilnehmer auch selber einer der beiden Göttinnen ein Ferkel geopfert. Danach reinigten sich die Priester durch ein Bad im Fluß Ilissos, um dann anschließend alle an den Mysterien teilnehmenden Personen zu reinigen.

Die großen Mysterien dauerten 10 Tage. An ihnen nahmen vier Gruppen von Personen teil, wobei Männer, Frauen und auch Sklaven zugelassen waren:

      1. die Priester, Priesterinnen und Hierophanten (Hohepriester);
      2. die Männer und Frauen, die zum ersten Mal an der Zeremonie teilnahmen – Voraussetzung war für die Teilnahme war:
          a) keinen Mord begangen zu haben,
          b) fließend Griechisch sprechen zu können,
          c) der Geheimhaltungsschwur.
      3. Personen, die schon einmal an der Zeremonie teilgenommen hatten,
      4. Personen, die in die Geheimnisse der Demeter eingeweiht worden waren und die Epopteia („Betrachtung") erlernt hatten.

Die Besucher, die die Feiern und insbesondere den Zug entlang der heiligen Straße begleiteten, nahmen nicht direkt an den Mysterien teil.

Die Mysterien wurden von dem Hierophanten ("Enthüller der heiligen Geheimnisse") geleitet, der der oberste Priester im Tempel der Demeter in Eleusis war. Er wurde als Nachfolger des mythischen Begründers der Mysterien (Eumolpos oder Triptolemos) angesehen.

Die Handlungen bei den Mysterien liefen wie folgt ab:

Vortag: Die heilige Gegenstände der Demeter wurden zum Eleusinion-Tempel am Fuße der Akropolis gebracht.

1. Tag: Der offizielle Beginn wurde „Agyrmos" (Versammlung) genannt. Der Hierophant führte eine Opferung aus, die „Hiereia Deuro" („Bringt die Opfer herbei") genannt wurde, womit symbolisch auch die Einzuweihenden gemeint gewesen sein könnten, da diese symbolisch ins Jenseits reisten.

2. Tag: Die Priester reinigten sich im Meer in Athen.

3. Tag: Der Demeter oder Persephone wurde ein Schwein geopfert. Danach nahm man an dem Fest des Heilers Asklepios in Epidauros teil.

4. Tag: An diesem Tag mußten die Teilnehmer der Mysterien zuhause bleiben und durften das Haus nicht verlassen. Sie stellten an diesem Tag wahrscheinlich den später benutzten rituellen Trank (Kyknos) her.

5. Tag: Vom Athener Friedhof Kerameikos außerhalb der Stadtmauern ausgehend zogen alle in einer Prozession den 21km langen „Heiligen Weg" nach Eleusis: vorne die Priester, die die Tafeln des Dionysos hochhielten, und dahinter die mit Myrthenzweigen bekränzten Teilnehmer der Mysterien. An bestimmten Abschnitten der Straße, die Bacchoi genannt wurden, schwangen die Teilnehmer ihre Bacchoi-Stäbe.

An einer festgelegten Stelle riefen die Teilnehmer obszöne Witze, weil die Magd Jambe die Göttin Demeter auf ihrer Suche nach Persephone mit einem solchen derben Scherz zum Lächeln gebracht hatte – vermutlich eine Anspielung auf die Wiederzeugung.

Während der Prozession riefen die Teilnehmer immer wieder mit „Iakche, o Iakche!" den Gott Dionysos an. Da Dionysos der Gott ist, der den Weg in die Unterwelt geht, war er das Vorbild für die Einzuweihenden.

Wenn die Prozession am Iakchos(Dionysos)-Tempel ankam, wurde aus ihm die Statue des Gottes geholt und dann in der Prozession mit nach Eleusis getragen.

Wenn die Teilnehmer die letzte Brücke auf ihrem Weg passierten, erhielten sie von einem Priester an ihre rechte Hand und ihren linken Fuß einen Faden gebunden. Diese Brücke symbolisierte vermutlich den Übergang über den Jenseitsfluß Styx. Der Faden könnte dann eine Entsprechung zu dem Faden sein, mit dessen Hilfe Perseus aus dem die Unterwelt symbolisierenden Labyrinth des Minotaurus auf Knossos wieder herausfand.

Bei der Ankunft im Tempel wurde die Suche der Demeter nach Persephone dadurch

35

dargestellt, daß die Teilnehmer auf Irrwegen durch die Halle geleitet wurden und schließlich zu dem Brunnen (Tor zu der Unterwelt) kamen und dort die Höhle des Ploutons auf dem Tempelgelände (Unterweltstor) besuchten.

6. Tag: An diesem Tag fasteten die Teilnehmer in Eleusis so wie Demeter während ihrer Suche nach Persephone gefastet hatte. Abends am Ende des Fastens tranken alle das Kykeon, ein Getränk aus Gerste und Frauenminze, das möglicherweise auch Extrakte aus dem Mutterkorn (LSD-Ausgangssubstanz) enthielt.

7. Tag: Am Morgen betraten alle die Tempelhalle Telesterion, die 52m x 52m groß war und deren Dach von 6 Reihen zu je 7 ionischen Säulen getragen wurde. Es hatte ein pyramidenförmiges Dach, das oben in der Mitte als Rauchabzug geöffnet werden konnte. In dieser Halle war ausreichend Platz für 7.000 Personen. Außen am Rand standen Bänke für die, die nur passiv teilnahmen. In der Mitte stand das dachlose Anaktoron („Palast") mit den heiligen Gegenständen. In diesem Allerheiligsten wurden während der Mysterien an diesem Tag den Einzuweihenden die heiligen Reliquien der Demeter gezeigt.

Die Vorgänge im Anaktoron begannen damit, daß der Hierophant einen Gong schlug, der einen Donner symbolisierte und die Göttin Persephone aus der Unterwelt zurückrufen sollte. Dies entspricht der indogermanischen Mythologie des Donnergottes, der ursprünglich der im Herbst aus der Unterwelt zurückkehrende Wettergott war. Da diese Symbolik letztlich auf die Unterweltsreise des Vegetations- und Sonnengottes zurückgeht, entspricht der Donner hier der zurückkehrenden Persephone. An dieser Stelle wurde auch laut gerufen – vermutlich nach Persephone.

Im Anaktoron wurde nun ein so großes Feuer entfacht, das es durch den Abzug des Tempels hinaufleuchtete, sodaß man es sogar von außerhalb des Tempels sehen konnte. Dies entspricht dem Feuer, in dem Demeter dem Triptolemos seine Unsterblichkeit gegeben hätte, wenn sie nicht von dessen Eltern dabei gestört worden wäre. Das Feuer ist wie die Fackeln der Persephone das Tor zur Unterwelt (die spätere Hölle wurde mit diesem Feuer identifiziert). Dieses Feuer findet sich bei den Druiden und auch im späteren christlichen Griechenland als Feuerlauf.

Die Spannung wird zu diesem Zeitpunkt am größten gewesen sein. Aelius Aristides sagt dazu: „Eleusis ist zugleich das Schauerlichste und das Lichteste von allem, was den Menschen göttlich ist." Plutarch beschreibt die Mysterien ganz ähnlich: „Umherirren zuerst, ermüdende Umläufe, ängstliches Geschehen im Dunkeln, das kein Ziel findet; dann unmittelbar vor dem Ende all das Furchtbare, Schaudern, Zittern, Schweiß und Staunen."

Plutarchs Beschreibung beschreibt in bildhafter Weise auch sehr treffend die Vorgänge bei der Heilung eines Traumas – auch die Mysterien waren eine Methode der grundlegenden Heilung des Menschen …

Wenn der Hierophant schließlich das Tor des Anaktoron öffnete, rief er: „Die Herrin (Demeter) hat ein heiliges Kind geboren, Brimo („die Starke") hat den Brimos („den Starken") geboren!" Dabei zeigte der Hierophant eine Getreidegarbe.

Zu dieser Stelle gibt es ein Fragment aus einer Erzählung über Herakles, in der er, nachdem er nicht zu den Mysterien von Eleusis zugelassen wurde, zu dem Hierophanten sagt: „Ich bin schon anderswo eingeweiht worden. Hierophant, schließe Eleusis zu – und Daduchos, lösche das Feuer aus! Ich bin schon in echtere Mysterien eingeweiht worden! Ich habe in das Feuer geschaut und ich habe Kore gesehen!" Dies bezieht sich darauf, das Herakles bereits in der Unterwelt war, als er den Höllenhund Cerberus holte.

Daraus ergibt sich nebenher, daß Dionysos und Herakles beides Götter bzw. Halbgötter waren, die die erfolgreiche Reise ins Jenseits und zurück darstellten – Dionysos veranschaulicht vor allem die Ekstase und Herakles durch seine 12 Arbeiten vor allem die Schwierigkeiten auf dem Weg (der Sonne) durch die Unterwelt. die zwölf Arbeiten entsprechen den zwölf Tierkreiszeichen, durch die die Sonne jedes Jahr läuft.

Das Kind (Brimos), das geboren wurde, war Persephone, die die wiedergeborene Demeter ist (Brimo) – in dieser Mythe wurde die Symbolik des Vegetationsgottes und des Wettergottes auf die Göttin selber übertragen. Die Unterweltsreise einer Göttin gibt es bei den nostratischen Völkern sonst nur noch bei Inanna. Demeter und Persephone wurden auch von den Griechen als dieselbe Göttin, einmal als Mädchen und einmal als Frau, angesehen.

Die Symbolik der Unterweltsreise zeigt sich auch in dem Kommentar von Pindar um 450 v.Chr.: „Wohl ist der versehen, der unter Wissen Eleusinischer Weisheit in die Gruft steigt. Er kennt den Ausgang irischen Lebens und dessen gottverliehenen Wiederbeginn." Diese Stelle könnt ein Hinweis darauf sein, daß in den Eleusinischen Mysterien wie von Pythagoras und Orpheus die Reinkarnation gelehrt wurde.

In dem Anaktoron stand ein „Kalathos" (offener Korb), in dem eine „Kiste" (Kiste) lag, in der sich wiederum das Allerheiligste befand. Es gibt die Vermutung, daß es Ähren waren oder eine goldene Schlange, ein Ei oder ein Phallus – aber man weiß es nicht, weil der oder die Gegenstände eben geheim blieben. Die Ähren sind jedoch unwahrscheinlich, da der Hierophant bereits vorher in dem Ritual den Anwesenden eine handvoll Ähren gezeigt hatte.

Bei der Rückkehr aus dem Anaktoron (Allerheiligstes) in den Telesterion (große Halle) sprachen die Einzuweihenden: "Ich habe gefastet, ich habe den Kykeon getrunken, ich habe es aus der Kiste genommen und nachdem ich es hatte, habe ich es wieder in den Kalathos zurückgelegt."

Die Ereignisse und Handlungen im Anaktoron waren das größte Geheimnis der Mysterien. Auf ihrem Verrat stand die Todesstrafe. Diese geheimen Dinge wurden Apporheta („Unwiederholbares") genannt. Sie bestanden aus drei Dingen:

1. Dromena („Dinge, die getan werden") – vermutlich eine rituelle Darstellung der Jenseitsreise der Demeter, durch die auch der Einzuweihende ins Jenseits reiste;

2. Deiknumena („Dinge, die gezeigt werden") – Heilige Dinge, die von dem Hierophanten gezeigt wurden;

3. Legomena („Dinge, die gesagt werden") – Kommentare, die zu den Dingen, die gezeigt werden, von dem Hierophanten gesagt wurden.

8. Tag: Die Priesterinnen verkünden morgens im Telesterion ihre Visionen aus der letzten Nacht, die die „Heilige Nacht" genannt wurde.

Der Hierophant sang an diesem Tag zusammen mit dem Daduchos, dem zweithöchsten Priester von Eleusis, das Loblied der Demeter und ihrer Tochter Persephone. „Daduchos" („Fackelhalter") war auch der Beiname der Artemis und der Demeter, als diese in der Dunkelheit (Unterwelt) mit Fackeln nach ihrer Tochter Persephone suchte.

Am Abend und die ganze Nacht über wurde das Fest Pannychis mit Tanz und Fröhlichkeit gefeiert. Bei dem Tanz trugen die neu geweihten Männer wie Dionysos Mädchenkleider, die wohl ihre Identität mit Persephone, d.h. ihre Rückkehr aus der Unterwelt veranschaulichten. Der Tanzplatz waren die Rharischen Felder, die der erste Ort gewesen sein sollen, an dem Getreide angebaut wurde, nachdem Demeter dem Triptolemos den Ackerbau gezeigt hatte.

Gegen Morgen wurde ein Stier geopfert.

9. Tag: Die nun Eingeweihten spendeten den Toten ein Trankopfer aus besonderen Behältnissen.

10. Tag: Ende, Heimkehr.

Die Grundlage für diese Mysterien, die von von 600 v.Chr. bis 500 n.Chr. gehalten wurden, war die Unterweltsreise der Demeter, die sie unternahm, um ihre Tochter Persephone/Kore zurückzuholen. Demeters Bruder Hades hatte sie im Einvernehmen mit Zeus entführt, weil er sie zur Frau haben wollte.

Auf der Suche nach ihr weihte Demeter den Knaben Triptolemos mit Feuer, d.h. sie hielt in in das Herdfeuer (Jenseitstor) des Palastes seiner Eltern und hätte ihm dadurch, wenn sie nicht durch Triptolemos' Eltern unterbrochen worden wäre, die Unsterblichkeit verliehen. Sie lehrte den Triptolemos auch den Ackerbau.

Um Zeus dazu zu zwingen, ihr zu helfen, ihre Tochter Persephone zurückzuerhalten, verursachte Demeter eine große Trockenheit, durch die die Menschen verhungerten. Da nun auch die Götter keine Opfer mehr erhielten und ihr Kult nicht mehr durchgeführt wurde, gab Zeus schließlich nach, sodaß Persephone zurückkehren konnte.

Da Persephone jedoch durch eine List des Hades einige Granatapfelkerne gegessen hatte, mußte sie ein Drittel des Jahres in der Unterwelt verbringen – so entstanden die Jahreszeiten. Persephones kehrte im Herbst zu dem Zeitpunkt in die Unterwelt zurück, an dem auch die Mysterien von Eleusis stattfanden. Dieser Zeitpunkt paßt zu der alten Vorstellung, daß der Wettergott nach dem trockenen Sommer zu diesem Zeitpunkt das Wasser, d.h. den Regen wieder von der Regenräuberschlange zurückgeholt hat. Nach den ersten Regenfällen wurde dann ausgesät.

Die Rückkehr der Demeter und der Persephone fand vermutlich (mythologisch gesehen) in der Nacht zum 8. Tag der Mysterien statt, an dessen Morgen die Priesterinnen ihre Visionen berichteten und anschließen der Hierophant und der Daduchos die Loblieder für Demeter und Persephone sangen. Das anschließende Fest war auch ein Freudenfest über die Rückkehr der Demeter und der Persephone aus der Unterwelt.

Die Vorstellung, daß die Götter von den Opfergaben der Menschen abhingen, findet sich u.a. auch bei den Sumerern und den Kelten.

Die Vorgänge bei den Mysterien müssen sehr effektiv gewesen sein, da diese Mysterien ca. 1.100 Jahre lang gefeiert wurden. Sie standen in hohem Ansehen. So sagt z.B. Plato über sie: „Der letztliche Zweck der Mysterien … war es, uns zu den Prinzipien zurückzuführen, aus denen heraus wie entstanden sind … eine vollkommene Freude über das spirituelle Gute in uns."

Auch der römische Redner Cicero lobte die Mysterien von Eleusis: „Denn unter den vielen vorzüglichen, ja göttlichen Einrichtungen, die euer Athen hervorgebracht und mit denen ihr das menschliche Leben bereichert habt, ist meiner Meinung nach nichts besser als diese Mysterien. Denn mit ihrer Hilfe sind wir aus der Barbarei und dem rohen Lebensstil heraus und hin zu einer gebildeten und verfeinerten Kultur gebracht worden; und die Riten werden zu Recht „Einweihungen" genannt, denn wahrhaftig: durch sie haben wir den Beginn des Lebens erfahren, und durch sie haben wir nicht nur die Kraft erlangt, glücklicher zu leben, sondern auch mit mehr Hoffnung zu sterben."

Dieser Kommentar zeigt deutlich, daß es in den Mysterien zu einem großen Teil um die Erkenntnis der eigenen Seele und um ihr Schicksal nach dem Tod ging – und daß dieses in den Mysterien erkannte Schicksal der Seele den Eingeweihten neue Hoffnung gab.

- - -

Auch in diesen heute bekanntesten aller Mysterien geht es um eine Jenseitsreise, wobei das große Feuer im Tempel das Feuer-Tor in die Unterwelt ist. Dieses Feuer findet sich auch in dem Agni-Feuer, mit dem früher in Indien jedes Ritual eröffnet worden ist, in den Kultfeuern der persischen Zarathustra-Religion, in der nie verlöschenden Flamme in den Tempeln usw.

21. Osiris-Mysterien

Die Mysterien des Osiris waren noch keine Mysterien im engeren Sinne, sondern das von allen Ägyptern gemeinsam gefeierte Fest des Korn- und Totengottes Osiris, in dem dessen Tod und Wiedergeburt gefeiert wurde, wobei sich jeder Teilnehmer des Festes innerlich mit Osiris identifizierte, der das Vorbild für ein gutes Leben und für die erfolgreiche Wiedergeburt war. Sie wurden erst im Zusammenhang mit den Mysterien der Isis auch zu einem Mysterienkult.

- - -

Hier ist Osiris der Gott, mit dessen Schicksal sich die Teilnehmer an den Osiris-Festen identifizierten. Auch bei dem Jenseitsgericht nach dem Tod wurde jeder Tote zu einem Osiris.

22. Isis-Mysterien

Die Mysterien der Isis, die um ab 350 v.Chr. deutlich faßbar sind und bis 600 n.Chr. lebendig blieben, waren keine speziell ägyptische Tradition, sondern eher eine Zusammenfassung der verschiedenen Göttinnenmysterien des gesamten Mittelmeerraumes.

- - -

In den Isis-Mysterien stand nicht der Jenseitsreisende selber im Zentrum, sondern die Göttin, die ihn im Jenseits wiedergebiert.

23. Druiden-Einweihung

Bei den Kelten wurden die Einweihungen der Druiden als „dreifacher Tod" inszeniert – sie wurden in einen Abgrund gestürzt, an einen Baum gehängt und ertränkt. Dies geschah alles gleichzeitig und das „dreifach" ist ein Hinweis auf den Bezug der Jenseitsreise des Sonnengottes Dagda/Nuada, da die „3" den Zyklus darstellt.

Bei diesem „dreifachen Tod" wurde der angehende Druide an einen Baumstamm gebunden und dann an diesem Baumstamm in einen wassergefüllten Schacht getaucht bis er fast ertrunken war, woraufhin er dann wiederbelebt wurde. Während dieses Beinahe-Todes erlebte der angehende Druide eine Astralreise – was der eigentliche Zweck dieser Einweihung war. Danach konnte er dann die absichtliche Astralreise lernen, mit deren Hilfe er dann in das Jenseits zu den Ahnen und zu den Göttern reisen konnte.

Diese Methode ist ein wenig rustikal, aber effektiv …

- - -

Diese Form der Einweihung kommt der Schamanen-Einweihung mit dem unabsichtlichen Nahtod-Erlebnis am nächsten.

24. Germanen-Einweihung

Über die Einweihungen bei den Germanen ist nur wenig bekannt. Sie scheint aber den zeitweiligen Aufenthalt des Neulings in einer Art Kiste enthalten zu haben, die wohl als Sarg oder Grab aufzufassen ist.

- - -

Auch die Einweihungen bei den Germanen enthielt eine symbolische Jenseitsreise.

25. Buddha, Jaina, Laotse, Zarathustra, Pytagoras, Zalmoxis

Es gab zu derselben Zeit, in der die Mysterienkulte entstanden sind, auch etliche Weisheitslehren, die man als „Hilfe zur Selbsthilfe" bezeichnen könnte. In ihnen spielt vor allem die „Belehrung" eine wichtige Rolle, während die „Kraftübertragung" keine oder nur eine geringe Rolle gespielt hat. Lediglich im tibetischen Buddhismus, d.h. im Vajrayana-Buddhismus, ist die „Kraftübertragung später hinzugenommen worden.

Lao-tse und Kung-fu-tse beschrieben beide den selbständigen Menschen, der wach und präsent auf seine Situation blickt und dann entscheidet, was sinnvoll zu tun ist. Während Lao-tse jedoch die Hingabe an das Ganze („Tao") als Methode benutzt, empfiehlt Kung-fu-tse im Gegensatz dazu die moralische Disziplin. Beide betonen jedoch die Notwendigkeit, sich ein eigenes Urteil zu bilden und selber die Verantwortung für das eigene Leben in die Hand zu nehmen.

Buddha ähnelt von seiner Methode Lao-tse, aber er entwickelte eine sehr viel detaillierte Methodik des Verhaltens und der Meditation. Sein Vorgehen ist eine schrittweise Jenseitsreise, bei der alles losgelassen und bei der allem zugestimmt wird. Damit ist aber keine Passivität gemeint, sondern ein sehr aktives Wiederfinden der allem zugrundeliegenden Einheit. Buddha lehrte ähnlich wie Lao-tse, daß die wirkliche Eigenständig nur dadurch erreicht werden kann, daß man das Festhalten an den eigenen Gedanken, Gefühlen und Vorstellungen losläßt und dadurch der eigentlichen inneren Realität Raum gibt, sichtbar zu werden. Dies entspricht dem Finden der eigenen Seele bei der Jenseitsreise nach dem rituell-symbolischen Tod.

Jaina betonte im Unterschied zu Buddha den Gegensatz zwischen dem guten und dem schlechten Verhalten. Er hatte dasselbe Ziel wie Buddha, aber seine Methode entsprach eher der des Kung-fu-tse in China.

Patanjali war der Begründer des Yoga, dessen Lehre auf den Upanishaden der Brahmanen aufbaut und sie in seinen Yoga-Sutras zu einer sehr gradlinigen Methode zusammenfaßt. Von seiner Methode her steht er Buddha deutlich näher als Jaina. Die Zeit, in der Patanjali lebte, ist unsicher, sodaß es nicht ganz klar ist, ob er ein Zeitgenosse von Buddha und Jaina gewesen ist.

Zarathustra lehrte in Persien ebenfalls die Selbstverantwortung des Menschen im Gegensatz zu der früheren Ansicht, das man dem Willen der Götter mehr oder weniger hilflos ausgeliefert sei und nur versuchen kann, sie freundlich zu stimmen. Wie Kung-fu-tse und Jaina betonte auch Zarathustra den Gegensatz zwischen gut und böse und predigte als Methode daher strenge Vorschriften.

In Thrakien war es Zalmoxis, der eine Lehre der Selbständigkeit der Menschen lehrte. Er vertrat dieselbe Methode wie Kung-fu-tse, Jaina und Zarathustra und empfahl feste äußere Verhaltensformen.

Sokrates in Griechenland, der Begründer der Philosophie, stellte hingegen alles in Frage und prüfte, was eine Gewißheit und was nur eine Vorstellung war. Dieses Vorgehen ähnelt dem des Lao-tse und des Buddha.

Pythagoras vertrat im Gegensatz zu Pythagoras eher die Methode der Gelehrsamkeit und Disziplin.

Die beiden grundlegenden Methoden, um die Selbständigkeit und Eigenverantwortung zu erlangen, waren die Hingabe an das größere Ganze und die moralische Disziplin. In allen diesen Lehren ist beides enthalten, aber der Schwerpunkt ist sehr verschieden:

Die Weisheitslehren		
Volk	**Methode**	
	Hingabe	*Disziplin*
nicht-indogermanisch		
Chinesen	Lao-tse	Kung-fu-tse
indogermanisch		
Indien	Buddha, Patanjali	Jaina
Persien		Zarathustra
Thrakien		Zalmoxis
Griechenland	Sokrates	Pythagoras

- - -

Diese Methoden beschränken sich weitgehend auf die Belehrung.

26. Christliche Einweihung

Bei der Mönchs-Weihe und bei der Nonnen-Weihe legt sich der angehende Mönch bzw. die angehende Nonne in der Kirche flach mit dem Bauch auf den Fußboden.

- - -

Diese Haltung ist nicht nur ein Symbol der vollständigen Unterwerfung, sondern gesehen auch die Haltung des Todes. Bei der Weihung folgen die Mönche Christus in das Jenseits, während die Nonnen zur „Frau Christi" werden.

27. Jesuiten

Die Jesuiten-Mönche führen täglich die Exerzitien des Ordensgründers Ignatius von Loyola durch. Diese bestehen darin, daß die Mönche einen Teil des Neuen Testaments lesen, aber dabei nicht die Perspektive eines Beobachters einnehmen, sondern die Texte aus der Sicht Christi lesen.

- - -

Diese Exerzitien sind eine spezielle Form der Invokation Christi, durch die die Mönche Christus immer ähnlicher werden und ihm immer gründlicher und intensiver „nachfolgen" können.

28. Externsteine

Vor den hohen Externstein-Felsen steht ein kleinerer Felsen, in den eine Mulde geschlagen worden ist, die genau die Form und die Größe eines liegenden Menschen hat. Da dieser Ort lange Zeit von christlichen Einsiedlern genutzt worden ist, ist anzunehmen, daß sich diese Einsiedler manchmal in diese Mulde gelegt haben, wobei möglicherweise ein Deckel aus Stein oder Holz über diese „Grabmulde" gelegt worden ist.

- - -

Das „Felsen-Grab" ist vermutlich eine Einrichtung gewesen, um eine „Bestattung" zu erleben und in diesem Zusammenhang eine Jenseitsreise zu machen. Dieses „Felsen-Grab" entspricht somit der Grube der Hethiter und Perser (Mithras-Kult), dem Schacht in den Mysterien von Samothrake, dem wassergefüllten Schacht bei den Kelten und anderen derartigen Einrichtungen.

29. Tibet

Bei den tibetischen Lamas ist es üblich, daß der angehende Mönch sich für einige Monate oder gar Jahre in eine fensterlose Klause zurückzieht, in die im täglich ein wenig Nahrung gereicht wird, und dort die meiste Zeit meditiert.

- - -

Dieser extreme Rückzug auf sich selber ist auch eine Form des symbolischen Todes.

30. Rosenkreuzer

In den Einweihungs-Ritualen der Rosenkreuzer ist Christian Rosenkreuz der Gründer der Mysterien und zugleich die zentrale Gestalt. Er ist sozusagen ein Nachfolger Christi, der denselben Zustand wie Christus erreicht hat.

- - -

Die Rosenkreuzer-Einweihungen bestehen folglich vor allem in der Identifizierug des Einzuweihenden mit Christian Rosenkreuz.

31. Golden Dawn

Die Rituale des Golden Dawn entsprechen im Wesentlichen den Einweihungen der Rosenkreuzer, nur daß sie die Einweihung entsprechend dem kabbalistischen Lebensbaum in ca. 12 „Stufen" zerlegt haben.

- - -

Die Einweihubngen des Golden Dawn vermitteln mehr Wissen und sind deutlich differenzierter als die Einweihungen durch die Rosenkreuzer – und sie sind auch deutlich „magischer", d.h. sie vermitteln auch die Grundkenntnisse der Magie.

32. Zauberlehrling

Wenn man als „Zauberlehrling" die Magie zu erforschen versucht, kann man Menschen begegnen, die die verschiedensten Fähigkeiten erworben haben, die von dem Finden von verlorenen Gegenständen über das Vorhersehen der Zukunft bis hin zu telekinetischen Fernstößen ohne direkte Berührung reichen.

Was man von diesen Erlebnissen zu den Einweihungen zählen möchte und welche nicht, muß man im Einzelfall entscheiden.

- - -

Es gibt eine große Anzahl an möglichen Erlebnissen mit anderen Menschen, die Dinge können, von deren Existenz man bis dahin möglicherweise noch überhaupt nichts geahnt hat. Solch ein Erlebnis könnte man auch zu den Einweihungen zählen, aber vielleicht würde man diesen Begriff „Einweihung" damit auch ein wenig überdehnen.

33. Drogen

Auch Drogen haben das Potential, einem zu Erlebnissen zu verhelfen, die man noch nie gehabt hat. Dabei reichen die möglichen Erlebnisse von Visionen über die Kundalini bis hin zu Astralreisen.

Wenn man von der Definition von „Einweihungen" als „neuen Erlebnissen" und daher als eine Erweiterung des eigenen Weltbildes ausgeht, können auch Drogen-Erlebnisse zu den Einweihungen zählen – insbesondere wenn man durch Drogen z.B. das erste mal eine Astralreise erlebt.

- - -

Es gibt etliche Kulte, in denen traditionell Drogen verwendet werden – auch im Zusammenhang mit Einweihungen. Daher sollte man auch die Drogen zu den möglichen, aber nicht notwendigen Elementen einer Einweihung zählen.

34. Zusammenfassung

Die Betrachtungen in diesem Kapitel zeigen, daß es eine ganze Reihe von Elementen gibt, die für Einweihungen typisch sind:

1. In vielen Einweihungen gibt es eine „Belehrung". Manche Einweihungen bestehen auch nur aus einer solchen Anleitung zu einer Meditation, einem Ritual, einem Verhalten o.ä.

2. Fast jede Einweihung enthält das Erlebnis von etwas Neuem, das man bis dahin noch nicht gekannt hat oder noch nicht erkannt hatte. Oft hat dieses Erlebnis auch eine große Auswirkung auf das eigene Selbstverständnis. Dadurch entstehen dann in vielen Fällen auch neue Verhaltensweisen.

3. Einweihungen können sich auf einzelne, konkrete Dinge beziehen oder auf allgemeine Sichtweisen.

4. Einweihungen sind oft Jenseitsreisen, d.h. es wird der Kontakt zu den Göttern, zu den Ahnen und vor allem auch zur eigenen Seele hergestellt – die sich allesamt in demselben „magisch-religiösen Bereich" (eben in dem „Jenseits") befinden.
Einweihungen enthalten wegen dieser Symbolik oft die Symbolik des Todes, der Bestattung, des Grabes, der Wiederzeugung, der Wiedergeburt, des Wiederstillens, des Weltenbaumes, der Himmelsleiter, des Opfertieres, des Feuer-Jenseitstores u.ä.

5. Manche Einweihungen wirken sofort, bei anderen muß das Erlebte erst einige Zeit lang integriert werden, bevor es zu wirken beginnt.

6. Einweihungen können von einer Gruppe oder von einem einzelnen „Meister" durchgeführt werden, aber es gibt auch die Möglichkeit, aus eigener Kraft zu Erlebnissen zu gelangen, die die Tiefe und Intensität einer Einweihung haben. In letzterem Fall fehlt natürlich die Belehrung, was die Situation manchmal schwierig machen kann.

7. Bei den meisten Einweihungen gibt es ein göttliches oder menschliches Vorbild, mit dem sich der Neuling bei der Einweihung identifiziert.

8. Bei manchen Einweihungen wird auf physische Weise ein Nahtod z.B. durch Ertränken oder ein Nahtod-ähnlicher Zustand durch langes Fasten oder einen langen Aufenthalt in einem verschlossenen Raum hervorgerufen.

9. Bei manchen Einweihungen werden Drogen verwendet – insbesondere, um ein Nahtod-Erlebnis hervorzurufen.

Um eine klarere Vorstellung über die verschiedenen Mysterienkulten zu erhalten, kann man eine Übersicht über die aus den Ritualen der „klassischen Mysterien" bekannten Elemente anlegen. Diese Liste ist aufgrund der meist nur bruchstückhaften Überlieferung sicherlich nicht vollständig.
Diese Liste enthält auch einige Elemente, die in den kurzen Schilderungen der Mysterien in diesem Kapitel nicht oder nur kurz erwähnt worden sind.
Die einzelnen Elemente sind in der folgenden Liste in etwa in der Reihenfolge angeordnet, wie sie in den Mysterien auftreten.

Ritual	Mithras	Kybele + Attis	Prajapati	Samothrake	Dionysos	Orpheus	Eleusis	Sol Invictus	Liber Pater	Kelten
Elemente der klassischen Mysterien-Kulte										
					Mysterien					
Baum fällen		x								x
Stab					x		x		x	
Reinigungsbad			x				x			
Stieropfer	x	x					x	x		x
Schweineopfer							x			
auf einem Fell sitzen							x			x
Quelle						x				?
Schacht, Höhle	x			x			x	x		x
7-sprossige Leiter	x							x		
Schlange					x		x			x
Fackel					x		x		x	
Feuer			x				x			?
Jenseitsreise	x	x	x	?	x	x	x	x	x	x
Göttin		x		x	x	x	x	x	x	x
Vereinigung		x			x		x		x	x
Wiedergeburt		x			x		x		x	x
Getreidehalme							x			
Getreidegöttin							x			
gehörnter Gott					x				x	x
Trinken		x	x	x	x		x		x	x
Essen		x								
Sonnengott	x		x			x		x		x
Musik		x		x		x				
Gesang					x				x	
Sänger						x				
Tanz				x	x				x	
weiße Gewänder				x						

48

Wenn man diese Übersicht betrachtet, wird deutlich, daß von den 10 Mysterienritualen 9 eine deutliche Jenseitsreise enthalten. Die Mysterien von Samothrake, von denen keine Jenseitsreise überliefert ist, sind nur ungenau bekannt, aber das Trankopfer in den Schacht wird wohl auch als Jenseitsreise zu werten sein. Die Jenseitsreise ist folglich das zentrale Thema der Mysterien.

In 8 der Mysterien spielt die Göttin im Jenseits, zu der die Einzuweihenden reisen (und von der sie wiedergeboren werden), eine wichtige Rolle.

In 7 der Rituale gibt es einen rituellen Trank, dessen Bedeutung dort, wo sie ersichtlich ist, die Verleihung der Unsterblichkeit (im Jenseits) ist.

In 5 der Mysterien-Rituale wird der Eingang in die Unterwelt durch einen Schacht dargestellt, in den zumindest in zwei Fällen der Einzuweihende auch konkret hinabsteigt. Dieser Schacht ist auch aus den Ritualen der Hethiter und Luwier bekannt.

Im 5 Ritualen vereint sich der Einzuweihende im Jenseits mit der Göttin zur Wiederzeugung, die mehr oder minder deutlich ausgedrückt wird. Diese Szene ist u.a. auch aus dem indischen Krönungsritual und aus den germanischen Mythen bekannt.

In 5 der 10 Rituale wird zur Sicherung der Zeugungskraft des Jenseitsreisenden ein Stier geopfert.

In 5 Ritualen wird auch die Wiedergeburt inszeniert, die auf die Wiederzeugung folgt.

Der Jenseitsreisende ist in 5 Mysterien deutlich als der Sonnengott bzw. als mit dem Sonnengott gleichgesetzt zu erkennen. Diese Gleichsetzung war bis dahin den Königen vorbehalten gewesen.

In 5 Mysterien erscheint auch der Weltenbaum, der der Weg zum Himmel zu dem Sonnengott ist: 2 mal als Baum und 3 mal als Stab.

Auch das Feuer als Jenseitstor erscheint in immerhin 4 Fällen sehr deutlich: 1 mal als Feuer, 1 mal als Feuer und Fackel sowie 2 mal nur als Fackel.

Je 3 mal erscheinen die Schlange als Tier des Jenseitsweges, der gehörnte Gott (Jenseitsreisender + Stieropfer), Musik und Tanz.

In je 2 Fällen wird von einem Reinigungsbad berichtet, vom Sitzen auf einem Fell (wie es auch von den Germanen beim „utiseta" bekannt ist), von einer siebensprossigen Leiter in den Schacht (die auch schon die Hethiter verwendeten) und von Gesang.

Je 1 mal erscheinen das Schweineopfer, die Quelle, die Getreidehalme, die Getreidegöttin, weiße Gewänder, ein Sänger und ein Essen.

Die Mysterien bestehen von der Grundstruktur her aus der Wiederzeugung, der Wiedergeburt und dem Wiederstillen:

Dynamik der Einweihung in den klassischen Mysterien-Kulten		
symbolischer Tod	*Bestattung, Rückzug in die Wildnis, Eintauchen in den Schacht, Beginn der Meditation oder des Fastens u.ä.*	
Wiederzeugung	Diesseits (Ritual)	Vorbereitung:Opfer des Stieres, Pferdes, Hirsches; Vereinigung der Königin o.ä. mit dem Opfertier (Minotaurus, indisches Krönungsritual, Germanen)
	Jenseits (Vision)	Vereinigung des Jenseitsreisenden mit der Göttin
Wiedergeburt	Diesseits (Ritual)	Rückkehr des Jenseitsreisenden aus dem Einweihungsschacht
	Jenseits (Vision)	Wiedergeburt des Jenseitsreisenden durch die Göttin
Wiederstillen	Diesseits (Ritual)	Trinken des Trankes der Göttin, der sich in dem Kessel befindet, aus den Trinkhörnern
	Jenseits (Vision)	Gestilltwerden durch die Göttin; von ihr oder später auch von dem Göttervater den Göttertrank erhalten
erreichtes Ziel	Verbindung zur Muttergöttin, zu dem Stammesgott, den Ahnen und der eigenen Seele	

Der Erfolg und die Wirkung einer Einweihung hängt von mehreren verschiedenen Dingen ab:

- von dem Können des Einweihenden
- von dem für den Neuling passenden oder unpassenden Stil der Einweihung,
- von den für den Neuling passenden oder unpassenden Methoden der Einweihung (z.B. mit oder ohne Drogen),
- von dem passenden oder unpassenden Augenblick in der Biographie des Neulings,
- von dem für den Neuling passenden oder unpassenden Stil der Einweihung (z.B. die Religion oder Mythologie, die den Hintergrund der Einweihung bildet; schlichtes oder pompöses Ritual).

IV Selbsteinweihung

Ein interessantes Thema ist die Selbsteinweihung. Sie hat Vorteile, aber auch Nachteile.

Die Vorteile der Selbsteinweihung sind:

- Man ist eigenständig, selbstbestimmt und ordnet sich in kein System ein.
- Man kann selber die Geschwindigkeit bestimmen, in der man den Einweihungsweg geht und zwischendurch auch einmal das System oder die angestrebte Richtung ändern.

Die Nachteile der Selbsteinweihung sind:

- Man kann niemanden um Rat fragen.
- Man muß z.B. die Verbindung zu einer Gottheit selber herstellen.
- Man wird von niemanden z.B. in einen neuen Bewußtseinszustand mitgenommen.
- Man muß ein passendes Ritual entweder finden (z.B. die Rituale des Golden Dawn) oder sie selber entwerfen.

Letztlich haben natürlich alle Einweihungs-Zeremonien mit einer Selbsteinweihung begonnen, denn wer sollte den ersten Meister gelehrt und eingeweiht haben haben?

V Geschichte

Ein kurzer Überblick über die Geschichte der Einweihungen kann evtl. noch wenig mehr Klarheit in das Wesen und die Varianten der Einweihungen bringen.

Eine ausführliche Darstellung dieser Entwicklung findet sich bei Bedarf in meinem Buch „Die sieben Schritte des Lebens".

In der Altsteinzeit machte ein Nahtod, bei dem man eine Astralreise erlebte, den Betreffenden zu einem Schamanen, sofern der Betreffende anschließend die bewußte, willentliche Astralreise übte und somit Kontakt zu dem Jenseits erlangte.

In der Jungsteinzeit kam zu dem Schamanen das Ausüben des Kultes hinzu, der auf dem damaligen mythologischen Weltbild beruhte. Man kann den magisch-religösen Spezialisten der Jungsteinzeit daher „Schamanen-Priester" nennen. Vermutlich wurde ab dieser Zeit auch die Jenseitsreise mithilfe von Drogen oder durch eine schwere Krankheit als gleichwertig mit dem Nahtod-Erlebnis durch z.B. einen Jagdunfall angesehen.

In der Epoche des Königtums, das auch die Epoche des Monotheismus und der Philosophie gewesen ist, entstanden um ca. 600 v.Chr. die Kult-artigen Methoden der Einweihungen, die in den meisten Fällen „Mysterien" genannt werden. In ihnen wurden vielen Hilfsmittel verwendet, um größere Gruppen einweihen zu können. Zu diesen Hilfsmitteln zählen Tempel, große Feuer, komplexe Rituale, Drogen, absichtlich herbeigeführte Nahtod-Erlebnisse, Invokationen von Gottheiten, in deren Mythe die Jenseitsreise eine zentrale Rolle gespielt hat usw.

Im Materialismus ist die Einweihung sehr stark individualisiert worden und hat sich in Therapien, individuelle Anleitungen durch Magier, Mystiker, Meister u.ä. sowie zu speziellen Gruppen-„Einweihungen" wie z.B. bei Familienaufstellungen weiterentwickelt.

In der Epoche der Globalisierung, an deren Anfang wir seit ca. 1950 stehen, hat sich noch keine klare neue Form der Einweihung herausgebildet. Diese neue Form wird voraussichtlich die Aspekte der Globalisierung, der Kooperation und der Synthese sowie der Betonung von Vertrauen und Verantwortung beinhalten.

Die „klassischen Einweihungen", also die Mysterienkulte, sind allesamt um ca. 600 v.Chr. entstanden. Zu dieser Zeit gab es von China bis Europa eine große „kollektive Entdeckung": das selbstverantwortliche Ich.

Diese neue Lebenshaltung wurde gleichzeitig von vielen religiösen Lehrern gepredigt: in China von Lao-tse und Kung-fu-tse, in Indien von Buddha, Jaina, Patanjali und von den Brahmanen, die zu dieser Zeit die Upanishaden verfaßt haben, in Persien von Zarathustra, in Thrakien von Zalmoxis und in Griechenland von Sokrates und Pythagoras.

Als Hilfe zum Erlangen dieser neuen Haltung wurde die Jenseitsreise der Schamanen und Priester zu einer Einweihung für die Allgemeinheit umgewandelt: In Indien entstand dadurch das Prajapati-Ritual, in Persien die Mithras-Mysterien, in Syrien die Mysterien der Kybele und des Attis/Adonis, in Griechenland die Mysterien von Eleusis, in Thrakien die Mysterien des Dionysos und die Mysterien des Orpheus sowie die Mysterien von Samothrake, und in Rom die Rituale des Sol Invictus und des Liber Pater.

Die ägyptischen Rituale des Osiris und der Isis ähnelten vom Thema her diesen Mysterien. Sie sind jedoch vor 600 v.Chr. kollektive Landwirtschafts- und Jenseitsrituale, die sich erst ab 600 v.Chr. in Mysterienkulte verwandelt haben. Die Mysterien und Feste der Isis nahmen nach und nach die meisten anderen Mysterien in sich auf.

Methoden der Selbsterkenntnis				
Volk	**Methode**			
	eigenes Verhalten		*Mysterien*	
	Hingabe	*Disziplin*	*Versenkung*	*Ekstase*
nicht-indogermanisch				
Chinesen	Lao-tse	Kung-fu-tse		
Ägypten	Ma'at	Ma'at	Isis, Osiris	Isis
indogermanisch				
Indien	Buddha, Patanjali	Jaina	Prajapati	
Persien		Zarathustra	Mithras	
Lyder				Kybele/Attis
Thrakien		Zalmoxis		Samothrake
				Dionysos
			Orpheus	Orpheus
Griechenland	Sokrates	Pythagoras	Eleusis	
Römer			Sol Invictus	Liber Pater
Kelten			Druideneinweihung	

VI Die Suche nach der Einweihung

Nach dieser Übersicht über die Elemente, die Geschichte und die Möglichkeiten der Einweihungen stellt sich natürlich die Frage, wie man zu der für einen selber passenden Einweihung gelangen kann – sofern dies der Grund gewesen ist, dieses Buch zu lesen.

Da es eben nicht die eine, für alle Menschen passende Einweihung gibt, kann hier nur eine Methode, die für einen selber passende Einweihung zu finden, beschrieben werden.

- Als erstes sollte man sich selber möglichst klar darüber werden, warum man eigentlich nach einer Einweihung sucht. Will man ein „großer Magier" werden? Ist man einfach neugierig? Erhofft man sich davon ein glückliches leben? Will man dadurch eine unheilbare Krankheit heilen?

Es gibt viele mögliche Gründe für die Suche nach einer Einweihung …

- Als zweites ist es sinnvoll, sich diese Einweihung zu wünschen, diesen Wunsch auszusenden und auf die Erfüllung dieses Wunsches zu vertrauen.

Im Allgemeinen ist es sinnvoll, einen Wunsch möglichst in seiner ursprünglichen Form zu wünschen:

    - Wenn man sich z.B. Geld wünscht, um sich eine teure Behandlung einer Krankheit leisten zu können, ist es sinnvoller, sich zunächst einmal einfach die eigene Genesung zu wünschen.

    - Wenn man eingeweiht werden möchte, um endlich effektive Magie ausüben zu können, wäre es sinnvoller, sich die Fähigkeit zu effektiver Magie zu wünschen.

    - Wenn sich die Teilnahme an einem Mysterienkult wünscht, um die eigenen Selbstzweifel loszuwerden, sollte man sich lieber die Heilung der Selbstzweifel wünschen.

- Drittens kann man selber immer schon einmal damit beginnen, sich selber kennenzulernen, sich selber treu zu sein sowie die eigene Seele und das eigene Krafttier kennenzulernen. Dieses Streben bringt einen auf jeden Fall der Wunscherfüllung und auch der Einweihung – falls sie der passende Weg zu der Wunscherfüllung ist – näher.

- Viertens ist es hilfreich, wenn man dafür bereit ist, daß die Erfüllung des eigenen Wunsches auf eine ganz andere Weise und von einem ganz anderen Ort und einer anderen Person kommt, als man dies gedacht hat.

Bücher von Harry Eilenstein

- The Synthesis of Physics and Magic (192 p.)
- Telepathy for Beginners (60 p.)
- Telepathy for Advanced Learners (52 p.)
- Telekinesis for Beginners (56 p.)
- Life Force for Beginners (76 p.)
- Kundalini for Beginners (104 p.)
- Astral Projection for Beginners (60 p.)
- Meditation for Beginners (60 p.)
- Prophecy for Beginners (60 p.)
- Ritual Magic for Beginners (64 p.)
- Magic Chant for Beginners (108 p.)
- Invocations for Beginners (52 p.)
- Evocations for Beginners (62 p.)
- Auto-Movement for Beginners (60 p.)
- Elves for Beginners (56 p.)
- Hypnosis for Beginners (56 p.)
- Love Magic for Beginners (52 p.)

- Money Magic for Beginners (60 p.)
- Magic Objects for Beginners (64 p.)
- Shamanism for Beginners (52 p.)
- Chakra-Magic for Beginners (148 p.)
- Language of the Moon – for Beginners (128 p.)
- Self Knowledge for Beginners (60 p.)
- Da'ath-Magic for Beginners (64 p.)
- Astrology for Beginners (112 p.)
- Number Symbolism for Beginners (64 p.)
- Mandalas for Beginners (76 p.)
- Crop Circles for Beginners (344 p.)
- Feng Shui for Beginners (96 p.)
- Magic Research for Beginners (140 p.)

- Magic for Beginners – Anthology I (636 p.)
- Magic for Beginners – Anthology II (616 p.)
- Magic for Beginners – Anthology III (684 p.)
- Magic for Beginners – Anthology IV (580 p.)

Religion allgemein
- Die sieben Schritte des Lebens (428 S.)
- Muttergöttin und Schamanen (168 S.)
- Totempfähle (440 S.)
- Der Urriese (168 S.)

Jungsteinzeit
- Göbekli Tepe (472 S.)
- Die Göttin von Göbekli Tepe (144 S.)

Ägypten
- Hathor und Re 1: Götter und Mythen im Alten Ägypten (432 S.)
- Hathor und Re 2: Die altägyptische Religion – Ursprünge, Kult und Magie (396 S.)
- Isis (508 S.)

Christentum
- Christus (60 S.)
- Die Biographie des Teufels (144 S.)

Indogermanen
- Die Entwicklung der indogermanischen Religionen (700 S.)
- Wurzeln und Zweige der indogermanischen Religion (224 S.)

Griechen
- Pan (336 S.)
- Poseidon (668 S.)

Inder
- Dakini (80 S.)
- Vajra (76 S.)

Germanen
- Die Götter der Germanen (87 Bände – siehe nächste Seite)
- Odin (300 S.)

Kelten
- Cernunnos (690 S.)
- Taliesin (228 S.)
- Der Kessel von Gundestrup (220 S.)
- Der Chiemsee-Kessel (76)

Psychologie
- Über die Freude (100 S.)
- Das Geheimnis des inneren Friedens (252 S.)
- Das Beziehungsmandala (52 S.)
- Gefühle und ihre Verwandlungen (404 S.)
- einsgerichtet (140 S.)
- Liebe und Eigenständigkeit (216 S.)
- Von innerer Fülle zu äußerem Gedeihen (52 S.)

Heilung
- Die Symbolik der Krankheiten (76 S.)

Kunst
- Herz des Tanzes – Tanz des Herzens (160 S.)
- Die Wurzeln der Kunst (60 S.)
- Wege zur Musik-Improvisation (32 S.)

Drama
- König Athelstan (104 S.)

„Magie für Anfänger"	**„Traumreisen"**

- Telepathie für Anfänger (60 S.)
- Telepathie für Fortgeschrittene (52 S.)
- Telekinese für Anfänger (52 S.)
- Analogien für Anfänger (56 S.)
- Lebenskraft für Anfänger (60 S.)
- Meditation für Anfänger (56 S.)
- Kundalini für Anfänger (100 S.)
- Hypnose für Anfänger (56 S.)
- Auto-Movement für Anfänger (56 S.)
- Chakra-Magie für Anfänger (148 S.)
- Astralreisen für Anfänger (56 S.)
- Astrologie für Anfänger (120 S.)
- Silberschnüre für Anfänger (52 S.)
- Zaubersprüche für Anfänger (60 S.)
- Ritual-Magie für Anfänger (56 S.)
- Mandalas für Anfänger (68 S.)
- Geldzauber für Anfänger (56 S.)
- Liebeszauber für Anfänger (52 S.)
- Invokationen für Anfänger (52 S.)
- Evokationen für Anfänger (60 S.)
- Geister für Anfänger (52 S.)
- Elfen für Anfänger (56 S.)
- Magie-Forschung für Anfänger (140 S.)
- Magie-Romantik für Anfänger (60 S.)
- Selbsterkenntnis für Anfänger (52 S.)
- Einweihungen für Anfänger (60 S.)
- Drogen-Kabbala für Anfänger (216 S.)
- Zahlensymbolik für Anfänger (60 S.)
- Die Sprache des Mondes – für Anfänger (116 S.)
- Zaubergesänge für Anfänger (100 S.)
- Zukunftschau für Anfänger (60 S.)
- Schamanismus für Anfänger (52 S.)
- Schwitzhütten für Anfänger (52 S.)
- Magische Gegenstände für Anfänger (68 S.)
- Zaubertränke für Anfänger (64 S.)
- Magie-Gesten für Anfänger (252 S.)
- Da'ath-Magie für Anfänger (64 S.)
- Kornkreise für Anfänger (348 S.)
- Feng Shui für Anfänger (96 S.)
- Tao für Anfänger (112 S.)
- Magie für Anfänger – Sammelband   I (696 S.)
- Magie für Anfänger – Sammelband   II (664 S.)
- Magie für Anfänger – Sammelband III (580 S.)
- Magie für Anfänger – Sammelband IV (700 S.)
- Magie für Anfänger – Sammelband   V (676 S.)
	- Traumreisen zu Heilpflanzen (700 S.)
	
	Magie
	- Handbuch für Zauberlehrlinge (408 S.)
	- Tarot (104 S.)
	- Physik und Magie (184 S.)
	- Die Synthese von Physik und Magie (200S.)
	- Die Magie-Formel (156 S.)
	- Schwarze Löcher in der Magie (56 S.)
	- Krafttiere – Tiergöttinnen – Tiertänze (112 S.)
	- Schwitzhütten (524 S.)
	- Mythen und Magie der Harfe (116 S.)
	- Drei Adeptus Major Rituale (192 S.)
	
	Meditation
	- Der Lebenskraftkörper (230 S.)
	- Die Chakren (100 S.)
	- Das Chakren-System mit den Nebenchakren (296S.)
	- Organe und Chakren (64 S.)
	- Die platonischen Körper in den Chakren (156 S.)
	- Meditation (140 S.)
	- Drachenfeuer (124 S.)
	- Kundalini I (676 S.)
	- Kundalini II (672 S.)
	- Reinkarnation (156 S.)
	- einsgerichtet (140 S.)
	
	Astrologie
	- Astrologie (496 S.)
	- Photo-Astrologie (428 S.)
	- Die astrologischen Aspekte (88 S.)
	- Horoskop und Seele (120 S.)
	
	Kabbala
	- Kursus der praktischen Kabbala (150 S.)
	- Eltern der Erde (450 S.)
	- Blüten des Lebensbaumes:
	  - Die Struktur des kabbalistischen
	    Lebensbaumes (370 S.)
	  - Der kabbalistische Lebensbaum als
	    Forschungshilfsmittel (580 S.)
	  - Der kabbalistische Lebensbaum als
	    spirituelle Landkarte (520 S.)

Eilenstein, Frater V.D., Knecht, Büdenbender	**Büdenbender, Eilenstein**
- Magie heute – Berichte aus der Praxis (288 S.) - Living Magic (261 p.)	- Chaos, Alk und Magic (436 S.)

Die Themen der 87 Bände der Reihe „Die Götter der Germanen"